# ルーズヴェルト政権の米国を蝕んだソ連スパイ工作

「米国共産党調書」を読み解く

江崎道朗
Michio Ezaki

# はじめに――日本版「ヴェノナ文書」の存在

## インテリジェンス・ヒストリーという新しい学問

「我々はなぜ、中国共産党政府の軍事台頭に苦しまなければならないのか。我々はなぜ、北朝鮮の核に苦しまなければならないのか。こうした共産主義国家がアジアに誕生したのも、元はと言えば民主党のＦ・Ｄ・ルーズヴェルト大統領が一九四五年二月のヤルタ会談でスターリンと秘密協定を結んだことに端を発している。よってルーズヴェルトの責任を追及することが、米国の対アジア外交を立て直す上で必要なのだ」

米国の「草の根保守」のリーダーであった、世界的に著名な評論家・作家のフィリス・シュラフリー女史は二〇〇六年八月、私のインタビューにこう答えた。

この発言の背後には、以下のような問いかけが含まれている。

○　現在、東アジアでは中国の軍事的台頭や北朝鮮の核問題が起こっているが、そもそもなぜ、このようなことになってしまったのか、その原因を探っておかないと、再び同じ失敗を繰り返すのではないか。

○中国共産党政府と北朝鮮が誕生したのは第二次世界大戦の後であった。戦前、我々米国は、アジアの平和を乱しているのは「軍国主義国家」の日本であり、日本を倒せばアジアは平和になると信じた。だが、実際はそうならなかったのはなぜなのか。

○言い換えれば、今、中国共産党と北朝鮮がアジアの平和を乱しているが、軍事的に中国と北朝鮮を倒せば、アジアに平和が本当に訪れるのか。

○少なくとも第二次世界大戦で日本を倒せば、アジアは平和になるという見通しは間違いだった。その見通しを立てた当時の米国政府、F・D・ルーズヴェルト民主党政権の見通しは間違いであった。では、ルーズヴェルト政権はなぜ見通しを間違えたのか。

○第二次世界大戦におけるルーズヴェルト政権の対アジア政策を振り返ると、ルーズヴェルト政権は、ソ連に対して好意的であり、一九四五年二月のヤルタ会談においてソ連が戦後、アジアに進出することを容認した。その結果、ソ連の支援によって中国大陸に中国共産党政権が誕生し、朝鮮半島には北朝鮮が生まれた。

○では、なぜルーズヴェルト政権は、ソ連に好意的であったのか。当時、ルーズヴェルト政権とソ連との関係はどのようなものであったのか。

このような疑問を抱いて、第二次世界大戦とルーズヴェルト政権、そしてソ連とソ連に主導された国際共産主義運動との関係を検証しようとする動きが米国には存在している。

読者の中には、「ソ連という国はもうなくなったはずでは」「国際共産主義運動とはどういうものか」と、疑問を抱かれる方も少なくないかもしれない。

確かにソ連は一九九一年に崩壊し、現在のロシアになった。ソ連の崩壊とともに共産主義は過去のものになったと日本では言われてきている。

だが、アジアでは、中国、北朝鮮、ベトナムなど、共産党が政権を握っている共産主義国家が今なお現存している。よって共産主義の脅威はまだ続いている。少なくとも同盟国アメリカの中では、そう考えている人が少なくない。

＊＊＊

「なぜ第二次世界大戦当時、ルーズヴェルト政権は共産主義を掲げるソ連に好意的だったのか」

この疑問に答える機密文書が、ソ連の崩壊後、次々に公開されるようになった。

一九八九年、東西冷戦のシンボルともいうべきドイツのベルリンの壁が崩壊し、東欧諸国は次々と共産主義国から自由主義国へと変わった。ソ連も一九九一年に崩壊し、共産主義体制を放棄し、ロシアとなった。

このソ連の崩壊に呼応するかのように世界各国は、情報公開を始めた。第二次世界大戦当時の、いわゆる外交、特に秘密活動に関する機密文書を情報公開するようになったのだ。

ロシアは、ソ連・コミンテルンによる対外「秘密」工作に関する機密文書（いわゆる「リッツキドニー文書」）を公開した。この公開によって、ソ連・コミンテルンが世界各国に工作員を送り込み、それぞれの国のマスコミや対外政策に大きな影響を与えていたことが立証されるようになったのだ。

一九一七年に起きたロシア革命によって、ソ連という共産主義国家が登場した。このソ連は世界「共産」革命を目指して一九一九年にコミンテルンという世界の共産主義者ネットワークを構築し、各国に対する秘密工作を仕掛けた。世界各国のマスコミ、労働組合、政府、軍の中にスパイ、工作員を送り込み、秘密裏にその国の世論に影響を与え、対象国の政治を操ろうとしたのだ。

そしてこの秘密工作に呼応して世界各地に共産党が創設され、第二次世界大戦ののち、東欧や中欧、中国、北朝鮮、ベトナムなどに「共産主義国家」が誕生した。その「秘密」工作は秘密のベールに包まれていたが、その実態を示す機密文書を一九九二年にロシア政府自身が公開したのである。

「ああ、やっぱりソ連とコミンテルンが世界各国にスパイ、工作員を送り込み、他国の政治を操ろうとしていたのは事実だったのか」

ソ連に警戒を抱いていた保守系の学者、政治家は、自らの疑念は正しかったと確信を抱き、「ソ連はそんな秘密工作などしていない」と弁護していた、サヨク・リベラル派の学者、政治家は沈黙した。

ロシア政府の情報公開を契機に、米国の国家安全保障局（NSA）も一九九五年、戦前から戦中にかけて在米のソ連のスパイとソ連本国との秘密通信を傍受し、それを解読した「ヴェノナ文書」を公開した。その結果、戦前、日本を追い詰めた米国のルーズヴェルト民主党政権内部に、ソ連のスパイ、工作員が多数潜り込み、米国の対外政策に大きな影響を与えていたことが立証されつつある。

立証されつつあると表現しているのは、公開された機密文書は膨大であり、その研究はまだ進行中だからだ。

誤解しないでほしいのは、第二次世界大戦当時、米国がソ連と連携しようとしたこと自体が問題だったと批判しているわけではない。

第二次世界大戦の後半、ナチス・ドイツを打倒するため、米国はソ連を同盟国として扱うようになった。敵の敵は味方なのだ。共産主義には賛同するつもりはないが、目の前の敵、ナチス・ドイツを倒すために、ソ連と組むしか選択肢はなかった。

問題は、戦後処理なのだ。ルーズヴェルト政権は、ソ連のスターリンと組んで国際連合を創設し、戦後の国際秩序を構築しようとした。その交渉過程の中で一九四五年二月、ヤルタ会談においてルーズヴェルト大統領はこともあろうに東欧とアジアの一部をソ連の影響下に置くことを容認した。このヤルタの密約のせいで終戦間際、アジアにソ連軍が進出し、中国共産党政権と北朝鮮が樹立されたわけだ。

「なぜルーズヴェルト大統領は、ソ連のアジア進出、アジアの共産化を容認したのか。それは、ルーズヴェルト民主党政権の内部に、ソ連・コミンテルンのスパイ、工作員が暗躍していたからではないのか」

多くの機密文書が公開され、研究が進んだことで、こうした疑問が米国の国際政治、歴史、外交の専門家たちの間で浮上してきている。

ソ連・コミンテルンは、相手の政府やマスコミ、労働組合などにスパイや工作員を送り込み、背後からその国を操る秘密工作を重視してきた。この秘密工作を専門用語で「影響力工作」という。

残念ながら工作員、スパイなどというと、ハリウッドのスパイ映画を思い出すのか、日本ではまともな学問として扱ってもらえない。しかし欧米諸国では、国際政治学、外交史の一分野としてこのスパイ、工作員による秘密工作が国際政治に与える影響について考察する学問が成立している。「情報史学（インテリジェンス・ヒストリー）」という。

こうした学問分野の存在を教えて下さった京都大学の中西輝政名誉教授によれば、一九九〇年代以降、欧米の主要大学で次々と情報史やインテリジェンスの学部・学科あるいは専攻コースが設けられ、ソ連・コミンテルンの対外工作についての研究も進んでいる。

この動きは英語圏にとどまらず、オランダ、スペイン、フランス、ドイツ、イタリアなどにも広がっている。

## 共産主義の脅威は終わっていない

中西輝政先生らの懸命な訴えにもかかわらず、残念ながら日本のアカデミズムの大勢は、こうした新しい動きを無視してきた。後述するが、インテリジェンス・ヒストリーという学問に取り組むとなると、必然的に共産主義の問題を避けて通るわけにはいかなくなる。ところが日本の大学、それも国際政治や近現代史においては今も、共産主義の問題を批判的に扱うと白い目で見られ、出世できなくなってしまう恐れがあるのだ。

こうした現状を変え、なんとしても世界のインテリジェンス・ヒストリーの動向を日本に紹介したい。そう考えて二〇一七年、『日本は誰と戦ったのか――コミンテルンの秘密工作を追及するアメリカ』（ＫＫベストセラーズ、新書版はワニブックス）を上梓《じょうし》した。この本は、著名な政治学者であるＭ・スタントン・エヴァンズと、インテリジェンス・ヒストリーの第一人者であるハーバート・ロマースタインによる共著 *Stalin's Secret Agents*（スターリンの秘密工作員・未邦訳）を踏まえたものだ。

エヴァンズらが書いた原著は、日米戦争を始めたのは日本であったとしても、その背後で日米を戦争へと追い込んだのが実はソ連・コミンテルンの工作員と、その協力者たちであったことを指摘している。しかも彼ら工作員と協力者たちは、日米の早期停戦を妨害し、ソ連の対日参戦とアジアの共産化をもたらそうとしていたのだ。

日本からすれば、先の大戦で戦ったのは米国だったが、その米国を背後で操っていたのはソ連だった、ということになる。

しかも、このようなインテリジェンス・ヒストリーの議論を踏まえて国際政治を考える政治指導者が現れた。前述したフィリス・シュラフリー女史ら「保守派」からの応援を得て、二〇一六年の米国大統領選挙で当選した共和党のドナルド・トランプ前大統領だ。

## 共産主義の犠牲者を悼んだトランプ前大統領

トランプ前大統領はロシア革命から百年にあたる二〇一七年十一月七日、この日を「共産主義犠牲者の国民的記念日（National Day for the Victims of Communism)」とするとして、ホワイトハウスの公式サイトにおいて、次のような声明を公表した。

《本日の共産主義犠牲者の国民的記念日は、ロシアで起きたボルシェビキ革命から百周年を記念するものです。

ボルシェビキ革命は、ソビエト連邦と数十年に渡る圧政的な共産主義の暗黒の時代を生み出しました。共産主義は、自由、繁栄、人間の命の尊厳とは相容れない政治思想です。前世紀から、世界の共産主義者による全体主義政権は一億人以上の人を殺害し、それ以上の数多くの人々を搾取、暴力、そして甚大な惨状に晒しました。

このような活動は、偽の見せかけだけの自由の下で、罪のない人々から神が与えた自由な信仰の権利、結社の自由、そして極めて神聖な他の多くの権利を組織的に奪いました。自由を切望する市民は、抑圧、暴力、そして恐怖を用いて支配下に置かれたのです。

今日、私たちは亡くなった方々のことを偲び、今も共産主義の下で苦しむすべての人々に思いを寄せます。

彼らのことを思い起こし、そして世界中で自由と機会を広めるために戦った人々の不屈の精神を称え、私たちの国は、より明るく自由な未来を切望するすべての人のために、自由の光を輝かせようという固い決意を再確認します》（邦訳はドナルド・トランプNEWSによる）

日本のマスコミが黙殺した、この声明のポイントは四つある。

第一に、ロシア革命百周年に際して、改めて共産主義の問題点を強調したことだ。その背景には、米国で現在、共産主義に共鳴し、自由主義、民主主義を敵視する風潮がサヨク・リベラル側の間で強まっていることがある。

第二に、二十世紀において最大の犠牲者を生んだのは戦争ではなく、共産主義であったことを指摘したことだ。

第三に、共産主義の脅威は現在進行形であることを指摘したことだ。日本では東西冷戦の終了と共に、共産主義の脅威はなくなったかのような「誤解」が振り撒かれた。だがトランプ前大統領は、共産主義とその変形である全体主義の脅威が北朝鮮、そして中国において現在進行形であることを理解している、極めて珍しい指導者だった。米中貿易戦争の背景には、共産主義に対するトランプ前大統領のこのような見解があった。

そのうえで第四に、アメリカ・ファーストを掲げ、国益を第一に考えるが、共産主義・全体主義と戦う同盟国と連携し、「世界の」自由を守る方針を貫くと表明したことだ。

その後、二〇二〇年のアメリカ大統領選挙でトランプは敗北し、民主党のジョー・バイデン政権となった。政権交代に伴い、トランプ政権の対外戦略は変更されるかに思われたが、バイデン政権は二〇二二年十月十二日（現地時間）に公表した「国家安全保障戦略（NSS）」において、トランプ政権の対中「競争」政策を引き継ぎ、「中国がアメリカにとって最も重大な地政学的課題」だとした。

## ソ連・共産主義体制の戦争責任を追及する欧州議会

この「共産主義体制と断固戦う」と宣言したトランプ前大統領と全く同じ趣旨の決議を採択したのが、ヨーロッパの欧州議会だ。

第二次世界大戦後、ポーランド、チェコ、ハンガリーなどの中・東欧諸国はソ連の影響下に組みこまれ、バルト三国は併合された。これらの国々は五十年近く共産党と秘密警察による人権弾圧と貧困に苦しめられてきた。

意外かもしれないが、そうした中・東欧の「悲劇」が広く知られるようになったのは、一九九一年にソ連邦が解体した後のことだ。日本でも戦後長らく、ソ連を始めとする共産主義体制は「労働者の楽園」であり、ソ連による人権弾圧の実態は隠蔽されてきた。

ソ連解体後、ソ連の影響下から脱し、自由を取り戻した中・東欧諸国は、ソ連時代の人権弾圧の記録をコツコツと集めるだけでなく、戦争博物館などを建設して、積極的にその記録を公開するようになった。

そこで、私は二〇一七年から二〇一九年にかけて、バルト三国やチェコ、ハンガリー、オーストリア、ポーランドを訪れて、各国の戦争博物館を取材した。それらの博物館には、ソ連と各国の共産党によって、いかに占領・支配されたか、秘密警察によってどれほどの人が拷問され、殺されたのか、詳細に展示している。

旧ソ連時代の共産党一党独裁の全体主義がいかに危険であり、「自由と独立」を守るために全体主義の脅威に立ち向かわなければならないか。中・東欧諸国は、このことを自国民に懸命に伝えようとしているわけだ。

実際に、ウラジーミル・プーチン大統領率いるロシアの指導者たちが再び、中・東欧諸国を脅かすようになっていた。プーチン氏らは、旧ソ連時代の「犯罪」を「正当化」し、ウクライナを含む旧ソ連邦諸国を、再び自らの影響下に置こうとしていたのだ。そして二〇二二年二月、プーチン率いるロシアは、ウクライナ侵略を開始した。

実は、ウクライナ侵略の二年半前の二〇一九年九月十九日、欧州議会は、「欧州の未来に向けた欧州の記憶の重要性に関する決議（European Parliament resolution of 19 September 2019 on the importance of European remembrance for the future of Europe)」を採択している。

この決議では、プーチン氏に代表される「ロシアの政治的エリートたちが、歴史的事実をゆがめて共産主義者の犯罪を糊塗《こと》（一時しのぎにごまかすこと）し、ソ連の全体主義的体制を称賛し続け」ていることを非難し、「ロシアが悲劇的な過去を受け入れるよう求め」、次のように批判している。

《第二次世界大戦は前例のないレベルの人的苦痛と欧州諸国の占領とをその後数十年にわたってもたらしたが、今年はその勃発から八十周年にあたる。

八十年前の八月二十三日、共産主義のソ連とナチス・ドイツがモロトフ・リッベントロップ協定と呼ばれる不可侵条約を締結し、その秘密議定書で欧州とこれら二つの全体主義体制に挟まれた独立諸国の領土とを分割して、彼らの権益圏内に組み込み、第二次世界大戦勃発への道を開いた》

ソ連は第二次世界大戦を始めた「侵略国家」ではないか。そのソ連を「正義」の側に位置付けた「ニュルンベルク裁判」は間違いだとして、事実上、戦勝国史観を修正しているのだ。

実際、ソ連は第二次世界大戦中、ヨーロッパ各国を侵略・占領した。決議はこう指摘する。

《ポーランド共和国はまずヒトラーに、また二週間後にはスターリンに侵略されて独立を奪われ、ポーランド国民にとって前例のない悲劇となった。

共産主義のソ連は一九三九年十一月三十日にフィンランドに対して侵略戦争を開始し、一九四〇年六月にはルーマニアの一部を占領・併合して一切返還せず、独立共和国たるリトアニア、ラトビア、エストニアを併合した》

ソ連の侵略は戦後も続いた。戦時中にソ連に占領されたポーランドやバルト三国（エストニア、ラトビア、リトアニア）では、知識人の処刑、地元住民に対する略奪・暴行などが横行した。しかも第二次世界大戦後、ソ連に占領されたこれらの国々では、ソ連の武力を背景に共産党政権が樹立され、ソ連の衛星国にされた。よって冷戦終結後、ソ連と国際共産主義の責任が追及されるべきだったが、そうはならなかった。決議はこう指摘する。

《ナチスの犯罪はニュルンベルク裁判で審査され罰せられたものの、スターリニズムや他の独裁体制の犯罪への認識を高め、教訓的評価を行い、法的調査を行う喫緊の必要性が依然としてある》

ソ連もまた悪質な全体主義国家であり、その責任が追及されてこなかったことは間違いだったと、欧州議会は認めたのだ。そしてソ連を「正義」の側と見なした戦勝国史観を見直し、旧ソ連と共産主義体制の責任を追及せよ。こう欧州議会は提案したのである。

## 日本版「ヴェノナ文書」の存在

実はこのソ連・国際共産主義の秘密工作の実態を当時から徹底的に調べ、その脅威と懸命に戦った国がある。国際連盟の常任理事国であった、わが日本だ。

コミンテルンが創設された翌年の一九二〇年、日本は警察行政全般を取り仕切る内務省警保局のなかに「外事課」を新設し、国際共産主義の秘密工作の調査を開始した。一九二一年二月には、内外のインテリジェンスに関する調査報告雑誌『外事警察報』を創刊する。

内務省警保局と連携して外務省もソ連・コミンテルンの対外「秘密工作」を調査し、素晴らしい報告書を次々と作成している。

その代表作が本書で紹介している『米国共産党調書』である（「JACAR（アジア歴史資料センター）Ref.B10070014000、米国共産党調書／1941年（米一_25）（外務省外交史料館）」）。ルーズヴェルト政権下でソ連・コミンテルン、米国共産党のスパイがどの程度大掛かりな秘密工作を繰り広げていたのか。その全体像を提示しているのがこの『米国共産党調書』だ。ある意味、「ヴェノナ文書」に匹敵するぐらい、衝撃的な内容がここには記されている。

あの外務省が、コミンテルンや米国共産党に関する詳しい調査報告書を作成していたと聞いて驚く人もいるかもしれない。しかもその内容たるや、スパイ映画顔負けのディープな世界が描かれている。

「戦前の日本外務省や内務省もなかなかやるではないか」という感想を持つ人もいれば、「これは本当に日本外務省が作成した報告書なのか」と絶句する人もいるだろう。

どちらの感想を持つにせよ本書を読めば、戦前の日本のインテリジェンス、特に調査・分析能力は優れていたことが分かるはずだ。

同時に、その調査・分析を、戦前の日本政府と軍首脳は十分に生かせなかったこともまた指摘しておかなければならない。対外インテリジェンス機関がいくら優秀であったとしても、その情報・分析を政治の側が生かそうとしなければ、それは役に立たないのだ。

幸いなことに日本政府もようやくインテリジェンス重視を明確に打ち出した。

二〇二二年十二月、岸田文雄政権は、国家安全保障戦略など「安保三文書」と、五年間で四十三兆円の防衛関係費を閣議決定し、防衛力の抜本強化に乗り出した。このとき、マスコミは、防衛力強化と四十三兆円の防衛費にばかり注目したが、アメリカに並ぶ経済力をもつ中国、そしてロシア、北朝鮮の「脅威」に直面している日本が、自国の防衛力強化だけで対応するのは難しい。

では、どうするか。今回の国家安全保障戦略の特徴は、防衛力強化以外の方策も明確に打ち出していることだ。日本を守る力は防衛力だけでない。次の五つだと同戦略は指摘している。

第一に外交力。ロシアによるウクライナ侵略でも明らかなように、友好国、同志国をどれだけ持っているかが戦争の動向を左右する。よって日本も、「大幅に強化される外交の実施体制の下、今後も、多くの国と信頼関係を築き、我が国の立場への理解と支持を集める外交活動」を展開している。

第二に防衛力。それも防衛力に裏打ちされてこそ外交力は高まるとして「抜本的に強化される防衛力は、わが国に望ましい安全保障環境を能動的に創出するための外交の地歩を固めるものとなる」として、外交と防衛の連動を強めてきた。

第三に経済力。「経済力は、平和で安定した安全保障環境を実現するための政策の土台となる」。経済力があってこそ軍事力も強化できる。

第四に技術力。この「官民の高い技術力を、従来の考え方にとらわれず、安全保障分野に積極的に活用していく」。科学技術の軍事利用に反対する一部勢力には屈しない、ということだ。

第五に情報力。「急速かつ複雑に変化する安全保障環境において、政府が的確な意思決定を行うには、質が高く時宜に適った情報収集・分析が不可欠である」。

この五つの力を使って二〇一二年からの第二次安倍晋三政権以来、日本は必死に米国以外の国とも防衛協力関係を強化してきた。その結果、いまや以下の国・組織が、日本の「味方」になりつつある。

○**オーストラリア**＝「特別な戦略的パートナー」として、米国に次ぐ緊密な防衛協力関係を構築。

○**インド**＝海洋安全保障をはじめ幅広い分野において二国間・多国間の軍種間交流をさらに深化。

○**英国、フランス、ドイツ、イタリアなど**＝グローバルな課題に加え欧州・インド太平洋地域の課題に相互に関与を強化。

○**NATO（北大西洋条約機構）・欧州連合（EU）**＝国際的なルール形成やインド太平洋地域の安全保障に関して連携強化。

○**カナダ、ニュージーランド**＝インド太平洋地域の課題への取組のため連携を強化。

○**北欧、バルト三国、中東欧諸国（チェコ、ポーランドなど）**＝情報戦、サイバーセキュリティーなどの連携強化。

日本はこの五つの力を使って中国やロシアなどに対抗すべく同志国を増やしてきた。その実績を踏まえて二〇二二年十二月、国家安全保障戦略を全面改訂し、外交、軍事、経済、技術だけでなく情報、つまりインテリジェンスも重視すべきだとしたのだ。インテリジェンスを軽視してきた戦後日本にあって、これは画期的だと言ってよい。

関連して二〇二二年四月、政府与党の自民党安全保障調査会（小野寺五典会長）は「新たな国家安全保障戦略等の策定に向けた提言」と題する報告書のなかで、国家としての対外インテリジェンス機関「国家情報局の創設」を提案している。

このように日本でも対外インテリジェンス機関創設に向けた動きが本格化しているが、前述したように、いくら優秀な調査・分析ができるようになったところで、政治家の側がそれを使いこなす大局観、能力がなければ宝の持ち腐れになってしまう。本書でも度々指摘しているが、戦前の日本外務省が作成した『米国共産党調書』を、当時の日本政府も日本軍首脳も活用しなかった。

本書を通じて戦後、ほとんど顧みられなかった戦前の我が国の対外インテリジェンスに対する関心が高まり、日本の機密文書を踏まえた「インテリジェンス・ヒストリー」が発展していくことを心より願っている。

＊＊＊

本書では『米国共産党調書』の内容を紹介しているが、それはその内容がすべて正しいということではない。あくまで一九三九年の時点で日本外務省がソ連・コミンテルンの対米工作、特に米国共産党の活動についてどのように理解していたのかを知っておくべきだ、ということである。

もっとも、その内容が適切かどうかをできるだけ検証しておくべきだと考え、本書では、ソ連・コミンテルン、米国共産党に関する海外の研究を踏まえて論じるようにしている。

また、この『米国共産党調書』は二百八十六ページで、文字数にして約二十二万字と膨大なものだ（一般的な単行本だと、十五万字前後）。とても全文紹介は無理なので、本書では、特に重要だと思われる部分を引用しながら、随時解説を施している。全文の現代語訳は、『米国共産党調書』（育鵬社、二〇二一年）として発刊している。

原文を読みたい方は、アジア歴史資料センターの公式サイトにアクセスし、レファレンスコード検索で「B10070014000」を入れるか、キーワード検索で「米国共産党調書」を検索すれば、その原文をＰＤＦで閲覧することができる。興味のある方は是非、アクセスすることをお勧めしたい。

この『調書』及び関係の文書を引用するにあたって、旧字体漢字とカタカナで歴史的仮名遣いの文を新字体とひらがなで現代仮名遣いに改め、一部漢字をかなに置換したほか、馴染みの薄い語句は現代の用語に改めるなど表記変更を行ったり、意訳をしたりしている。人名や団体名などの固有名詞については、正確を期すために、できるだけ英語表記をそのまま残した。適宜、改行も施している。本書の場合、実際にどのようなことが書かれていたのかを知ることが最優先であるとの判断に基づき、現代の読者に読みやすくなるよう配慮したものである。ご了解賜りたい。

なお、本書は二〇二〇年に発刊した『日本外務省はソ連の対米工作を知っていた』(育鵬社)を新書化したものだ。ただし発刊後、プーチン大統領率いるロシアがウクライナを侵略し、日本政府も明確にインテリジェンス重視へと政策を転換した。そこで、こうした新たな状況を踏まえて加筆・修正を加えている。

目　次

# 第一章

# 戦前の日本のインテリジェンスと国際共産主義

## 日本には対外インテリジェンス機関が存在しない

戦前の日本外務省は、なぜ『米国共産党調書』を作成したのか。

そもそも戦前の日本の対外インテリジェンス機関はどのようなものだったのか。いつ頃から米国で調査を始めたのか。

日本が米国共産党に注目したのはどういう理由からなのか。

旧ソ連、そしてロシアの対外インテリジェンス工作とはいかなるものなのか。

日本が今後、新たに対外インテリジェンス機関を創設するに際してどのような点を留意したらいいのか。

こうした疑問に答えるため、戦前の日本のインテリジェンス機関がどのようにして設立され、どのような情報収集・分析をしてきたのか、基本的な経緯を説明しておきたい。

この話は、現在の国家的課題でもあるからだ。

グローバル化の進展とともに、ヒト、モノ、カネが国境を越えて移動するようになり、国際社会の動向と日本との関係はますます強くなってきている。

イラン情勢はそのまま石油の値段と連動し、日本の物価にストレートに影響してくる。しかも厄介なことに中東情勢と、北朝鮮、韓国、中国、ロシア、そして米国、ヨーロッパ情勢とは連動しており、周到な情報収集と分析に基づく国家のかじ取りが必要とされている。

こうした激動する、しかもますます複雑な国際情勢への対応は、外務省だけに任せるのではなく、防衛省、経済産業省、財務省など文字通り全省庁を挙げて取り組むべきだ。

そうした国家ビジョンのもと、安倍晋三自公連立政権は第二次政権樹立直後の二〇一三年（平成二十五年）に、官邸に国家安全保障会議（日本版ＮＳＣ）と国家安全保障局（ＮＳＳ）を創設し、省庁の垣根を超えた情報「分析」体制を構築した。

この国家安全保障局の局長に二〇一九年九月、警察・外事畑を歩んできた内閣情報官の北村滋氏が就任した。

実は北村氏は二〇一四年発行の『講座　警察法』第三巻（立花書房）に「外事警察史素描」という論文を投稿し、外国のスパイ活動を取り締まる「外事警察」の歴史について書いている。日本の近代国家の成立と進展の中で、インテリジェンス機関がどのように生まれ、発展し、行動をしてきたのかを簡潔にまとめている。

現在の日本にも、日本国内におけるスパイ取締りなどを担当するインテリジェンス機関は存在する。外事警察、公安調査庁、自衛隊、海上保安庁などがそれらを担当している。ただし、米国のＣＩＡのように、「外国で」情報収集活動をしたり、スパイ取締りを行ったりする「対外」インテリジェンス機関は存在しない。

それでは戦前はどうだったのか。

もちろん、対外インテリジェンス機関は存在した。その役割は主として内務省と陸海軍、そして外務省などが担ってきた。だが、先の大戦で敗北したのち、GHQ（連合国軍総司令部）によって対外インテリジェンス機関はすべて廃止されてしまったのだ。

しかし、グローバル化した国際社会において、正確な情報を収集・分析する体制を構築しなければ、適切な判断は下せない。よって改めて「対外」インテリジェンス機関の創設が求められており、その議論を深めるために北村氏はこうした論文を書いたわけだ。

まずはこの北村論文を紹介しながら、戦前の日本のインテリジェンスはどのようなものであったのか、その苦難の歩みを振り返ってみたい。

## 明治三十二年に外事警察が創設

江戸時代の日本は鎖国をしていたので、長崎の出島を中心としたごく一部の地域を除き、外国人が日本国内を自由に往来するということはできなかった。

しかし、幕末の開国によって横浜や神戸が開港すると、外国人が増えて外国人居留地が増大していく。同時に攘夷運動の関係で外国人が付け狙われたり、生麦事件（一八六二年）や英国公使館焼き討ち（一八六三年）などの事件も増え、外国から膨大な賠償金を請求される事件も起こった。

そこで明治新政府が初めて直面した外交問題も、在日外国人問題だった。それは神戸事件という。初代内閣総理大臣・伊藤博文が世に出るきっかけとなったのが、明治改元前の一八六八年（慶應四年）一月に起こったこの神戸事件であった。備前岡山藩の隊列が三宮神社（神戸市）付近を通りがかった際に、フランス水兵が行列を横切ろうとして争いになった。死者こそ出なかったが、激怒した英国と米国も神戸港を占拠するとともに関係者の厳しい処罰を要求した。明治新政府にとっては初めての外交問題となった。

欧米との衝突を避けなくてはならないと考えた岡山藩士・瀧善三郎は、この事件の全責任を背負って同年二月九日、諸外国の関係者が見守る中で見事に切腹した。その潔い姿は国際的にも報じられ、事件は収束した。外国事務係として、この問題に対応した伊藤博文はこれがきっかけとなって兵庫県知事に登用され、出世していく。

一方、岡山藩主・池田茂政公は瀧の息子を直参にし、家禄を五倍にして報いた。国際紛争回避のため、自己犠牲を厭わなかった瀧の見事な生き様は、のちに国際連盟事務次長となった新渡戸稲造の著書『武士道』を通じて広く国際社会に知られることになり、一九四〇年には、瀧の生まれ故郷である岡山市北区の七曲神社境内に「義烈碑」（＝公のために勇敢な行動をしたことをたたえる碑）が建立された。

このように明治新政府としては、日本にいる外国人をどう保護するのかという課題に直面し、一八六九年（明治二年）に初めて外国人担当の専門部署を設置した。

《文久二年（一八六二年）には、薩英戦争の遠因となる生麦事件、高杉晋作等長州藩士による英国公使館放火事件が発生する一方、開港後、外国人居留地に居住する外国人数が増大していくなど、開国後の諸情勢が外国人に対する保護、取扱いを現実の要請としていた。

明治二年三月、政府は、当初、外国人の警衛を軍務官の管轄としたが、翌年これを内務省所管とした。八年一二月、東京警視庁に、「新ニ第三局及第五局ヲ置キ第三局ハ探索及ヒ罪犯取調外国人関係ノ事ヲ掌《つかさど》ラシメ」、第三局に外国人掛が置かれた。翌年三月、外事警察の勤務指針ともいうべき「外国人取扱心得」が制定され、同年一二月、外国人掛は外国掛と改称され、程なく外務課に組織改正された》（「外事警察史素描」）

内務省とは、内政を所管した中央官庁のことだ。一八七三年十一月十日、大蔵省・司法省・工部省の事務の一部を移管して、太政官の一省として設置された。一八八一年四月七日に、勧業部門を新設の農商務省に移管し、以後、地方行政と警察行政が省務の中心となった。

外国人の警衛が内務省に移管されたのは一八七三年のことだろうが、その内務省のもとで一八七五年、東京警視庁に「外国人掛」が置かれ、程なく「外務課」と改称された。

この時点では基本的に、外国人は保護する対象であった。そして保護するためには、外国人がどう動いているのかを調べる必要があっただけで、スパイ取締りという発想は弱かった。一八八九年（明治二十二年）の大日本帝国憲法の発布によって、近代国家としての政治の仕組みが定まり、行政の仕組みも整っていく。地方の警察制度も少しずつ整い、中央政府による治安維持も行き渡るようになった。同時に軍事基地も全国各地にできるようになっていく。

日本各地に陸軍と海軍の基地ができるようになると、沿岸警備の必要性も高まる。ということより、海軍基地が整ったので沿岸警備もできるようになった。

そして、その海軍基地の機密を守るために一八九九年（明治三十二年）七月、「測量、模写、撮影」の禁止など、海軍基地と沿岸に関する情報を守るための「要塞地帯法」が制定された。同年には、軍事上の機密の保持を目的とする「軍事機密保護法」も制定されている。この軍機保護法は、事実上のスパイ防止法といえよう。

この軍機保護法と要塞地帯法という二つの法律に基づいて、我が国の外交、軍事機密に対するスパイ活動を取り締まるようになっていく。

実際、蒸気機関による国際交通網の発達により外国との交易が増え、同じく一八九九年にようやく外国人スパイの取り締まりも担当する「外事警察」が創設される。

その経緯について北村論文はこう指摘している。

《明治三二年は、日清戦争に勝利した我が国が、明治政府設立以来の悲願であった治外法権の完全撤廃を達成し、欧米列強に並び立つ独立主権国家として産声をあげた年であった。それは、同時に外事関係取締り法規が整備された年でもあった》（「外事警察史素描」）

一八九四年、日英通商航海条約の締結により、治外法権の完全撤廃が達成された。治外法権が撤廃されたということは、外国人に対する裁判権を取り戻したということであり、それは外国人の不法行為をきちんと独立国家として裁くことができるようになったことを意味する。

## 日本軍のインテリジェンス

ただ、スパイ活動を取り締まろうにも、外事警察のマンパワー（人員）は不十分だった。首都東京の治安を担当する警視庁ですら一八九九年当時、外事警察を担当する総監官房第二課というのは、担当官が一人もしくは二人だったようだ。

北村論文もこう指摘している。

《警察における機構面での整備は全く不十分なものであり、首都治安を与る警視庁ですら、外事警察を担当する総監官房第二課は、一人又は二人の担当官が配置されているのみであり、軍の防諜機構と比べて遥かに見劣りのする体制であった》（「外事警察史素描」）

《軍の防諜機構と比べて遥かに見劣りのする体制であった》という北村氏の指摘だけを読んでいると、あたかも日本軍のインテリジェンス体制の方は充実していたかのように誤解する人がいるかも知れない。

確かに日本軍の国内における「防諜（機密を守ること）体制」はそれなりにしっかりしていたが、対外インテリジェンス（情報収集と分析、外国に対する工作）体制はまだまだ貧弱であった。

この戦前の日本軍のインテリジェンスの実態については、元防衛省防衛研究所の小谷賢氏が『日本軍のインテリジェンス』（講談社選書メチエ、二〇〇七年）という良書を書いてくれている。小谷氏はこう指摘する。

《一八六八年（明治元年）に海陸軍科が設置されて以来、軍部がインテリジェンス整備にも関心を持っていたのは当然のことである。一八七八年、陸軍参謀本部が中、南支方面派遣将校を長期の駐在制に改めたことにより、本格的な対外情報収集が始まった。しかし当時はまだ情報収集の基盤もなかったため、当時民間人であった岸田吟香《ぎんこう》らの協力を得て、軍は民間の商取引ルートに沿って、情報担当将校を配置していった。そして一八九〇年には荒尾精《せい》陸軍大尉が上海に日清貿易研究所を創設したことで、大陸での本格的な情報収集活動が始まる。

　日本の近代的インテリジェンスの発展は遅々としたものであったが、それでも日清戦争では石川伍一や鐘崎三郎、日露戦争では石光真清《いしみつまきよ》や明石元二郎《あかしもとじろう》など有名なインテリジェンス・オフィサーが活躍した。中でも明石元二郎の活躍は有名であり、その活躍は一二個師団に相当すると評された。明石の活躍をまとめた『落花流水《らっかりゅうすい》』は後の陸軍中野学校のテキストとして使われたほどである》（『日本軍のインテリジェンス』）

　一九〇四年（明治三十七年）から一九〇五年にかけて戦われた日露戦争における明石元二郎の活躍があまりにも印象的なので、日本はインテリジェンス大国であったかのような印象を抱いている人も多いかもしれない。

　だが意外なことに、日本軍の対外インテリジェンス活動は、民間人や優秀な一部軍人の個人的な活躍に頼っていたわけで、日本軍の体制としてはそれほどでもなかった。

ただし、優秀な民間人や一部軍人たちのインテリジェンスは、大きな成果を挙げた。その理由を小谷氏はこう説明する。

《この時期の日本のインテリジェンスは比較的上手く機能していた。その要因は、①対外危機が顕在化しており情報収集に余念がなかったこと、②情報の重要性を認識していた元勲世代の存在、③当時の超大国であったイギリスからの情報提供、などが挙げられる》（『日本軍のインテリジェンス』）

当時の日本政府及び軍首脳が幕末から明治初期の動乱を経験していたこともあってインテリジェンスを重視していたため、優秀な民間人や一部軍人たちの情報を懸命に活用し、大きな成果を挙げることができた、ということだ。

インテリジェンスは、インテリジェンスを重視する政府・軍の首脳が存在してこそ大きな成果を発揮するものなのだ。これは重要な問題なので、繰り返し強調しておきたい。

日本軍のインテリジェンスが「組織的に」整備されたのは日露戦争後であった。

《陸軍参謀本部が本格的な軍事情報部である第二部を設置し、組織的に情報収集活動を開始したのは日露戦争後、一九〇八年のことである。ただし組織的情報収集といってもまだ外国駐在武官が単独で情報を収集することが多かった。ちなみに同じころ、イギリスでは秘密情報部（SISまたはMI5）が誕生している》（『日本軍のインテリジェンス』）

日本軍が本格的な対外インテリジェンス機関を作ったのは日露戦争後だが、それは世界的に見ても決して遅いというわけではなかった。

残念なのは、日本軍の幹部たちがその後、インテリジェンスを重視してこなかったことだ。

《ここで当時の日本のインテリジェンスにとって不幸だったのは、軍事情報部が設置されて以降、実戦を経験してこなかったためにインテリジェンスの運用方法を具体的に把握できなかったことである。特に日本が第一次大戦を本格的に経験しなかったことは大きい。よく言われるように、この時、日本軍は第一次大戦の総力戦という側面と火力の飛躍的な発達に注目していたが、戦争におけるインテリジェンスの役割については検討すらされることはなかったのである。

イギリスの情報研究家、マイケル・ハーマンによれば、第一次大戦がヨーロッパ諸国に与えた影響は小さくなかった。総力戦を戦うためにはそれまでの狭義な「軍事情報」だけでは不十分であり、各国は相手国の工業力、人口統計、士気などすべての要素を調べ上げなければならず、それらは軍事情報部の領域をはるかに越えていたからである。

さらに第一次大戦では通信傍受情報が決定的に重要な要素となった。すなわち技術情報（テキント）の発展である。第一次大戦後、ヨーロッパ諸国はシギントと総合的な情報分析能力を向上させるために組織に改良を加え、中央情報部を設置するなど大幅なインテリジェンス組織改革を行った。さらに第一次大戦後にはコミンテルンとの戦いが熾烈になったため、同時に防諜機能も強化されていく。

このようなヨーロッパの動きに比べると、日本は明治期からほとんど何も変わらないままの組織運用であった。その特徴は、中央情報部が現地の情報収集活動を統括しておらず、現地は時々の状況によって場当たり的な情報収集活動を行っていたことにある。シギントの必要性に関しては、一九一八年～二二年のシベリア出兵の時期まで待たねばならなかった》（『日本軍のインテリジェンス』）

第一次世界大戦で苦労したヨーロッパではインテリジェンスが重視されるようになったが、日本軍首脳はその動きについて行けなかったというわけだ。

## インテリジェンスとは何か

ちなみに文中に「テキント」とか「シギント」という用語が出てくるが、それはさまざまな情報収集の方法によって入手する情報のことを指す。例えば、テキント（TECHINT:Technical intelligence）は、外国軍の装備を研究し、使われている技術やその弱点を見出す「技術情報」である。その他、主なものは以下の通りである。

◎**シギント**（SIGINT:Signals intelligence・通信情報）――相手の通信を傍受して収集される通信情報。

◎**ヒューミント**（HUMINT:Human intelligence・人的情報）――情報関係者が聞き込みや情報提供者を通じて集める情報。

◎**イミント**（IMINT:Imagery intelligence・画像情報）――航空機や偵察衛星などによって集められる画像を分析することで得る情報。

◎**オシント**（OSINT:Open source intelligence・公開情報）――新聞やインターネットなどで公開されている情報。

あわせて、そもそも「インテリジェンス」とは何か、確認しておきたい。

京都大学の中西輝政名誉教授は、オックスフォード大学のマイケル・ハーマン教授の定義を引用しながら、次の三つの意味があることを説明している（中西輝政著『情報亡国の危機』東洋経済新報社、二〇一〇年）。

第一に、インテリジェンスとは、国策、政策に役立てるために、国家ないしは国家機関に準ずる組織が集めた情報の内容を指す。いわゆる「秘密情報」、あるいは秘密ではないが独自に分析され練り上げられた「加工された情報」、つまり生の情報（インフォメーション）を受けとめて、それが自分の国の国益や政府の立場、場合によると経済界の立場に対して、「どのような意味を持つのか」というところまで、信憑性を吟味したうえで解釈を施したもの。

第二に、そういうものを入手するための活動自体を指す場合もある。

第三に、そのような活動をする機関、あるいは組織つまり「情報機関」そのものを指す場合もある。

そして、中西名誉教授は、このインテリジェンスが担当する分野は、大まかに言えば、次のA～Dの四つであると説明している。

Aは情報を収集すること。これは相手の情報を盗むことも含まれている。

Bは相手にそれをさせないこと。つまり防諜や「カウンター・インテリジェンス」という分野である。敵ないし外国のスパイを監視または取り締まることで、その役割は普通の国では警察が担うことになる。

Cは宣伝・プロパガンダだ。プロパガンダには、「ホワイト・プロパガンダ」と「ブラック・プロパガンダ」があるといわれる。前者は、政策目的をもってある事実を知らしめる広報活動を指す。それに対して後者は、虚偽情報などあらゆる手段を使って相手を追い詰めていく活動だ。

Dは秘密工作や、旧日本軍の言葉でいえば「謀略」行為を行うことだ。CIAはこれを「カバート・アクション」と呼び、ロシアでは「アクティブ・メジャー（積極工作）」と称することがある。広い意味で「影響力工作」とも呼ばれる。

本書では、「インテリジェンス」という言葉を頻繁に使うが、以上の三つの意味と四つの分野を念頭に置いて読んでいただきたい。

## ロシア革命を契機に対外インテリジェンス機関を拡充

欧米諸国の間で対外インテリジェンス機関が創設されたり、拡充されたりする契機となったのは、一九一四年の第一次世界大戦の勃発とその後のロシア革命だ。

第一次世界大戦末期の一九一七年にロシア革命が起こり、その五年後の一九二二年にはソビエト社会主義共和国連邦（以下「ソ連」）が成立する。

ソ連の指導者レーニンは、世界各国で軍事行動、つまり暴力革命によって世界共産化を目指した。各国の政治体制を暴力によって破壊し、金持ちや貴族階級を殺害し、その財産を没収したうえで一党独裁、つまり共産党幹部のもと、すべての国民が平等に暮らすことができる「労働者の天国」を作ろうとしたのだ。

そして実際に、一九一九年にコミンテルン（Comintern・別名「第三インターナショナル」）を創設し、世界中で共産主義革命を起こそうと対外工作を開始した。しかもこの工作に呼応して、ドイツなど各地で共産主義革命を目指した武装蜂起事件が起こった。危機感を抱いた日本や米国、イギリスなどの第一次世界大戦の連合国は、シベリア出兵に踏み切る。

日本もコミンテルンの対日工作や国際共産主義運動に対峙するため、一九二〇年（大正九年）に警察行政全般を管轄する内務省警保局のなかに「外事課」を新設する。

《外事警察が機構面で充実を図られたのは、大正六年のロシア革命を契機とする。第一次世界大戦末期に出現したロシア革命は、各国の経済界、労働界に大きな影響を及ぼし、それが直接治安上の脅威となりつつあった。

我が国においても「赤化思想」の流入を防止する必要性が痛感され、九年、内務省警保局に初めて外事課が設置され、また、地方庁でも、六年大阪・兵庫、七年警視庁・長崎、八年神奈川、一五年北海道にそれぞれ外事課が設置された。外事課は、外国人の入国管理、外国人の保護、中国人を中心とする外国人労働者の管理等の所掌事務があったが、その重点は、海外からの共産主義思想の流入と共産主義運動に対する監視に置かれた》（「外事警察史素描」）

何しろソ連・コミンテルンは、共産主義革命を起こそうと、各国にテロリストやスパイを送り込んできたのだ。日本を含む世界各国が赤化、つまり共産主義革命運動を警戒するのも当然のことだろう。

当時の日本政府としても、東京（中央政府）だけではスパイに対応できないので、大阪、兵庫、長崎、神奈川、北海道など外国人が入国する国際港にも外事警察の拠点を作っていく。そして外国人の入国管理、保護を行いながら、海外からの共産主義関係者の監視も行ったわけだ。

繰り返すが、当時の共産主義者・コミンテルンのスパイたちは、現在でいうとテロリストのような存在であった。実際に一部の共産主義者はテロリストのような活動を行っていた。現在で言えば、国際的なテロ対策のため情報収集・分析を始めたわけで、その成果を日本政府首脳に伝えるため、外事課は翌一九二一年二月、内外のインテリジェンスに関する調査報告雑誌『外事警察報』を創刊する。

この『外事警察報』のバックナンバーは現在、アジア歴史資料センター（JACAR）の公式サイトで閲覧することができる。

当時の外事警察、具体的には内務省警保局がどのような問題意識であったのかを理解してもらうために、『外事警察報』第一号の章立てを現代語訳したものを紹介しよう。

第一　西シベリア政情
第二　西シベリアにおける過激派宣伝情況
第三　在留ロシア人概況
第四　シナ（中国）における過激派
第五　シナにおける排日情況
第六　最近シナにおける欧米諸国の活動
第七　在留シナ学生の概況

要するに、シベリアや中国での国際共産主義の活動状況や、中国大陸での共産主義者による反日活動、そして国内在住の外国人の動向を追っていたのである。

このように日本の外事警察、情報機関が発展した背景には、国際共産主義運動の脅威があった。言い換えれば、コミンテルンや国際共産主義運動の話を抜きにして日本のインテリジェンスの歩みは理解できない。

コミンテルンの話をすると小馬鹿にする人がいるが、その話をするのは私の個人的趣味ではなく、こうした歴史的経緯を踏まえているからだ。

要はコミンテルンや国際共産主義運動を理解することと、日本の情報機関、インテリジェンスの在り方とは不即不離の関係であり、少なくとも国際共産主義やコミンテルンの話をせずに日本のインテリジェンスの話をするのは、むしろ問題だとも言える。それは、まるで敵の存在を議論せずに安全保障を議論しているのと同じことだからだ。

逆に言えば、コミンテルンや共産主義の話をタブーにしておけば、日本におけるスパイ取締り、対外インテリジェンス機関の話は進まないことになる。そして実際に話は進んでこなかった。コミンテルンや国際共産主義運動に対する研究を怠ったことが、対外インテリジェンス機関の再建を妨げてきたと言えよう。

ちなみに米国において、外国人スパイの取締りを含む治安維持を担当する連邦捜査局、いわゆるＦＢＩの前身である捜査局（ＢＯＩ）が設置されたのは一九〇八年だ。そしてＦＢＩが本格的に動き始めたのは一九二〇年代だが、それは日本と同じくロシア革命と国際共産主義運動の脅威に対応するためであった。

## ソ連との国交樹立と特別高等警察

ソ連・コミンテルンに強い警戒心を抱いていた日本だが、一九二五年（大正十四年）、ソ連と国交を樹立する。これは、国境の安定、つまり日露講和条約（ポーツマス条約）の有効性再確認と漁業資源に関する条約の維持確認および改訂などが目的だった（この年、共産主義革命運動を取り締まることを目的として治安維持法が制定された）。

ただし国交を樹立すると、人の行き来が拡大し、ソ連が日本に堂々とスパイを送り込んでくることが予想された。そこでその対策として国交を樹立する前年の一九二四年に、主要都道府県に「特別高等警察課」を設置した。この特高警察によって共産主義者とスパイに対応しようとしたわけだ。

併せて全国の特高警察を統括する機関として内務省警保局に「保安課」が創設された。この保安課が、国際共産主義運動や各国共産党の動向、一九二二年に設立された日本共産党との関係などの情報収集と分析、そして対策を担当した。

北村論文はこう説明する。

《大正一四年には、ロシアと我が国との間に国交が回復され、両国間の往来が頻繁となり、これに伴って、国内の共産主義運動は、コミンテルンの指導の下に急速に膨張し、共産主義者の非合法渡航が増加する状況となった。国内共産党取締りのため、一三年に主要府県に設置された特別高等警察課は、昭和三年に至って残余の府県に増設されるとともに、これらを統括する機関として内務省警保局に保安課が創設された。

こうした内外の諸情勢に応じて、外事課の活動重点は、国際共産主義機構、各国共産党の動向及び日本共産党との連絡状況を把握することに置かれることとなり、同年同課は、新設の保安課に統合されたが、警視庁及び府県の外事課は従前のまま存続した。また、首都においては、七年に警視庁に特別高等警察部が新設されると、従来総監官房に所属していた外事課は同部に移管された》（「外事警察史素描」）

ここで重要なことは、国際共産主義に対応するためには、国内の監視だけでは不十分であり、対外情報活動が必要になってきた、ということだ。日本に入国する人物がソ連でどのような経歴を持ち、どのような活動をしているのか、調べておかないと、そもそも日本への入国の是非も判断できないからだ。

そのため一九二一年（大正十年）、当時のウラジオストック（ソ連）、ハルビン（ソ連と中華民国）、上海（中華民国）にも外事警察の支部が置かれた。ソ連・コミンテルンの対アジア工作の拠点がウラジオストック、ハルビン、上海の三カ所だったからだ。
その後も一九二六年には、北京、広東（中華民国）、一九二八年（昭和三年）にはロンドン（イギリス）とベルリン（ドイツ）、一九三八年（昭和十三年）にはローマ（イタリア）、一九四一年（昭和十六年）にはサンフランシスコ（米国）にそれぞれ外事警察の支部が設置された。

《外事警察には、特別な制度として、海外駐在事務官の制度があった。大正一〇年、ウラジオストック、ハルビン、上海に警保局より派遣された駐在事務官が置かれた。その主たる目的は、ロシア革命後の国際共産主義運動の動向であった。さらに、一五年には、北京、広東に、昭和三年にはロンドン・ベルリンに、一三年にはローマに、一六年にはサンフランシスコにそれぞれ駐在事務官が置かれた》（「外事警察史素描」）

## 在外日本人社会主義者と米国共産党への警戒

かくして「対外」情報収集活動を本格化させた内務省警保局だが、一九二六年（大正十五年）九月発行の『外事警察報』第五十一号に「亜米利加（アメリカ）共産党の七年間」という論文を掲載している。これが日本のインテリジェンス機関が公的に米国共産党について初めて言及した論文ということになる。

恐らく日本外務省を通じて米国のＦＢＩの情報を入手・参考にしたのだろうが、この論文では、米国共産党が一九一九年の結党以来、内部抗争を繰り返してきた経緯が簡潔にまとめられていて、米国共産党の内情についてかなり深く調査をしていたことがうかがわれる。

では、なぜ内務省警保局は米国共産党に注目したのか。この点については、政治学者の加藤哲郎氏の次のような分析が参考になる。

《日本政府は、古くは幸徳秋水《こうとくしゅうすい》の在米活動の影響（竹内鉄五郎ら社会革命党の革命事件、天皇暗殺事件）に衝撃を受けて監視を始めた一九〇八年以来、在米日本人を含む在外社会主義者の動向を、注意深く監視してきた（『社会主義者沿革第一』）。それらを記録した資料としては、大正期にも『特別要視察人状勢一覧』『社会運動の状況』、内務省警保局『在米社会主義者・無政府主義者沿革』、外務省「在米国邦人社会主義者の状況」（一九〇九年）、内務省警保局「米国在留特別要視察人ノ状況大要」（一八年）、内務省警保局「在外邦人過激主義者ノ状況」（三二年）等がある。

特に関東大震災後の『外事警察報』には、「亜米利加共産党の七年間」（第五一号、二五年）、「米国共産党の運動概況」（第九四号、三〇年）、「米国下院共産運動調査報告書」（第一三号、三一年）等があり、日本人の加わる米国共産党全体の動向に注目していた》

（加藤哲郎著『ゾルゲ事件』平凡社新書、二〇一四年）

つまり、米国共産党が米国内部で何をしようとしていたのか、ということよりも、米国共産党に関与する在米日本人が日本に帰国し、「天皇暗殺」を含むテロ工作などを仕掛けてくることを警戒していたわけだ。言い換えれば、米国共産党の対米工作がいかに日米関係に影響を及ぼすのか、という視点は弱かったということでもある。

いくら素晴らしい情報を得ても情報分析の担当者たちの視野が狭く、大局を忘れると、その分析も不十分なものになってしまうということでもある。

**一九三一年付米国下院共産運動調査委員会報告書**

その後、内務省警保局発行の『外事警察報』にはたびたび、米国共産党のことが出てくる。以下、主なものを紹介しよう。

①「米国共産党の運動概況」、「ニューヨーク市における共産党」、「米国共産党内における右翼分派主義者の内訌《ないこう》」（『外事警察報』第九十四号、昭和五年四月）

②「米国における共産党の活動（その一）」、「米国は共産主義運動を軽視している」（『外事警察報』第百十三号、昭和六年十二月）

「米国における共産党の活動（その一）」は、一九三一年一月二十七日付「米国下院共産運動調査委員会報告書」の邦訳である。この邦訳は、第百十三号から百十七号まで五回に分けて掲載されている。この「報告書」は実に詳しく、内務省警保局や日本外務省による米国共産党研究の基礎となったと思われる。

なお、調査委員会委員長のハミルトン・フィッシュ下院議員（共和党）は、米国伝統の非干渉主義（米国は、ヨーロッパの紛争に干渉すべきではない）の立場から、ヨーロッパで起こった第二次世界大戦への関与に反対していた。

戦後、イギリスのチャーチル首相とルーズヴェルト大統領こそが米国をこの戦争に巻き込んだ張本人であるとして、Hamilton Fish, *Tragic Deception: FDR and America's Involvement in World War II*, Devin-Adair Pub, 1984（邦訳版は、岡崎久彦監訳『日米・開戦の悲劇―誰が第二次大戦を招いたのか』ＰＨＰ研究所、一九八五年）などを書いている。

国際共産主義に警戒心を抱いていた米国の政治家の多くが、戦前、ルーズヴェルト民主党政権の対日圧迫外交に反対していたことは知っておくべきだろう。

③「米国共産党の全国飢餓行列」（『外事警察報』第百十五号、昭和七年二月）
一九二九年の世界恐慌を受けて、全米の労働者たちと在郷軍人会が一九三一年十二月、首都ワシントンＤＣで行ったデモと、米国共産党の関係を分析した論文。

この時代、米国共産党の動向を調査していたのは、日本の内務省だけではなかった。②にあるように、米国下院も一九三一年に米国共産党とソ連・コミンテルンの関係について徹底した調査を行い、膨大な報告書がまとめられた。だが、その結論はフィッシュ委員長の期待を裏切るものであった。

フィッシュ委員長としては、下院での調査を通じて米国共産党の活動を明確に取り締まることができるようにしたかったのだが、一九三〇年四月十五日付で司法省検事総長代理のオー・アール・ルーリング検事次長は、フィッシュ委員長にこう回答した。

《暴力によって米国政府の転覆を鼓吹《こすい》する個人または団体の活動に適用すべき連邦刑事法令が存在するのかという四月十四日付のフィッシュ委員長の書簡を受け取った。委員長は現在、米国または外国の共産運動に加盟する者または、口頭やコミンテルン文書にて共産主義の宣伝に従事する者を政府が起訴することができる連邦刑法が存在するのかと尋ねた。

それは、かかる者が下記の法令の範疇《はんちゅう》に入らなければ、共産主義運動に加入し、または共産主義宣伝を行うことを犯罪とする法令は存在しない。

「煽動《せんどう》的陰謀――州または米国管轄内の地において二人以上が暴力によって米国政府を転覆破壊しようとするため、若《も》しくは政府に反対して挙兵をしようとするため、若しくは暴力によって米国の法律の執行を妨げ、若しくは遅延させようとして、或いは暴力によって官憲に反対して米国の財産を押収、或《あ》るいは占有しようとして、共謀する者は各五千ドルの罰金若しくは六年以上の禁固、或いはその双方に処する」》(『外事警察報』第百十七号)

この司法省の回答をもって、国際共産主義運動を厳しく監視し、その工作を取り締まろうとするフィッシュ下院議員らの動きは頓挫することになり、下院に設置された特別委員会も廃止されてしまった。

当時の米国は、フーヴァー「共和党」政権であったが、米国共産党の規模が小さかったこともあって、国際共産主義運動はそれほど警戒されなかったのだ(米国共産党の動向が再び連邦議会で問題視されるようになるのは、一九三八年五月、下院に非米活動特別委員会が設置されてからである)。

このようにコミンテルンの工作に危機感を抱く日本と異なり、米国は出先の米国共産党ばかりに注目し、その背後にあるソ連・コミンテルンの対米工作を軽視した。その結果、ルーズヴェルト民主党政権内部に、ソ連のスパイ、工作員が多数、潜入していくことになる。

誰が世界の平和を脅かしているのか。

当時のルーヴェルト政権は、「ナチス・ドイツと日本だ」と考えた。そして「ナチス・ドイツと日本を牽制《けんせい》するために、ソ連と手を結ぶべきだ」と考えた。正確に言えば、反ドイツ反日親ソへと誘導された。

一方、日本は、「ソ連・コミンテルンだ」と考えた。

この「脅威」認識、正確にいえば戦略的認識のズレが、日米関係をぎくしゃくさせていくことになる。そして日本を脅威と見なすルーズヴェルト政権の対日政策に反発する形で日本側にも、米国も脅威だと考える政治家、軍人たちが増えていくことになった。それが日米戦争へと発展していくことになったのだ。

# 第二章

# 『米国共産党調書』作成の背景

図1　『米国共産党調書』刊行と当時の国際情勢をめぐる日米対立の経緯

| | |
|---|---|
| 1933（昭和 8）年 | ルーズヴェルト大統領就任。米ソ国交樹立 |
| 1935（昭和10）年 | コミンテルン第七回大会。統一戦線路線へ |
| 1937（昭和12）年<br>7月7日 | 盧溝橋事件 |
| 8月13日 | 第二次上海事変 |
| 10月5日 | ルーズヴェルト大統領「隔離演説」 |
| 12月12日 | パナイ号事件（揚子江に停泊していた米軍艦船を日本軍が誤爆） |
| 1938（昭和13）年<br>1月16日 | 近衛文麿首相が第一次近衛声明を発表 |
| 1939（昭和14）年<br>7月26日 | ルーズヴェルト政権が日米通商航海条約の廃棄を通告 |
| **9月** | **『米国共産党調書』刊行** |
| 1940（昭和15）年<br>1月26日 | 日米通商航海条約失効。日米間が「無条約時代」に入る |
| 7月22日 | 第二次近衛内閣成立。大本営政府連絡会議において対米戦争も想定に入れた「世界情勢ノ推移ニ伴フ時局処理要綱」を決定 |
| 9月27日 | 日独伊三国同盟締結 |
| 12月18日 | ルーズヴェルト大統領、国民向けラジオ演説「炉《ろ》辺《へん》談話」で「民主主義の兵器廠」を宣言 |
| 1941（昭和16）年<br>1月6日 | ルーズヴェルト大統領が一般教書演説で「四つの自由」表明 |
| **2月** | **『米国共産党調書』再刊** |
| 2月11日 | 野村吉三郎大使、ワシントンに到着 |
| 2月12日 | 野村大使とハル国務長官の最初の会談 |
| 2月14日 | 野村大使とルーズヴェルト大統領の最初の会談 |

## 米ソ国交樹立と第七回コミンテルン大会「統一戦線」路線の影響

ロシア革命後、米国は長らくソ連を国家として承認せず、国交も樹立してこなかった。保守系の共和党が強硬に反対していたからだ。

だが、大恐慌による不景気の中で、共和党は敗北し、一九三三年（昭和八年）三月、民主党のルーズヴェルトが大統領に就任すると、共和党などの反対を押し切って同年十一月にソ連を承認した（図1）。

この米ソ国交樹立とともに、米国内では米国共産党の活動が活発になっていく。しかもコミンテルンは一九三五年七月二十五日から八月二十日にかけてモスクワで第七回大会を開催し、ここで有名な「統一戦線」路線を決定する。

「ファシズム（ナチス・ドイツと日本のこと）反対、戦争反対」を掲げてイギリスや米国の自由主義者、社会主義者たちと手を結び、国際社会の敵意をドイツや日本に向けるよう誘導する政治工作が打ち出されたのだ。

この路線変更を受けて、日本の内務省警保局は一九三六年（昭和十一年）一月、『外事警察資料第五輯《しゅう》　米国に於《お》ける共産主義運動』という二十八ページの冊子を作成している。

この冊子は冒頭で、こう警告をしている。

《米国に於ける共産主義運動はロシア革命の直後一九一九年頃より組織的となったが、一九三〇年前後の財界不況時を経て一九三三年米国のソ連承認以来一段の拡大を示せる模様で、今日では全米二千の中心都市に亘り六百余団体の共産主義宣伝団体があると言われる。米国に於ける同党活動の中心はニューヨークに本部を置くCommunist Party of USAで、コミンテルンに直属している》（『外事警察資料第五輯 米国に於ける共産主義運動』）

ロシア革命後、誕生した米国共産党は米国の経済不況を背景に勢力を拡大しており、いまや全米二千の都市に拠点を持ち、六百もの団体を擁していて、その宣伝力は侮《あなど》れないと警告するとともに、六百もの関連団体の名称を『外事警察資料第五輯 米国に於ける共産主義運動』にすべて列記している。

実際に「人民統一戦線」路線を打ち出した第七回コミンテルン大会直後の一九三五年冬から、米国共産党の関係者から日本へと送られてくる宣伝印刷物が急増する。

この事態を受けて内務省警保局は、コミンテルンの運動方針の変化と米国共産党を通じた対日宣伝工作の活発化について分析し、『最近に於ける共産主義運動概況』という十四ページの報告書をまとめている。

一九三七年に入ると、内務省警保局は『昭和十一年中に於ける外事警察概況』という報告書をまとめ、海外からの左翼宣伝印刷物について、発見月日、宛名もしくは発見場所、発送（あるいは手交）者、事例を詳細な一覧表として作成している。参考までに二つだけ事例を紹介する。

○十年十二月下旬／大分県中津／一般労働組合／米国ロスアンゼルス／共産主義宣伝時局パンフレット「重圧下の世界」一部

○十年十二月十二日、三十日／長崎県長崎市西山町／海員組合支部・津田又造／米国カリフォルニア州ロスアンゼルス／国際通信パンフレット「英独海軍事情」四部、「北満事情略解」コミンテルン世界大会特集号四部、「翼上空中戦」コミンテルン世界大会特集号四部

（『外事警察概況　第二巻』復刻版、龍渓書房、一九八〇年）

このように一九三五年八月のコミンテルンの「統一戦線」路線、一九三五年冬から米国共産党による日本向け宣伝物の増加という新しい事態の中で、日本外務省も米国共産党に関する詳細な報告書をまとめる。

内務省警保局は日本外務省を通じて、米国共産党に対するＦＢＩの取締記録や下院特別委

員会の報告書などを入手していた。
その関係で米国共産党の動向に詳しくなっていた日本外務省アメリカ局も、昭和十一年十月付で『米国に於ける共産主義運動』という実に百三十二ページもの報告書を作成している。日本外務省が米国共産党についてまとまった報告書を作成したのは、これが初めてのことだ。
この『米国に於ける共産主義運動』の緒言には、次のように書かれている。

《本調書は、アメリカ局第一課の千野属の調査による米国に於ける共産主義運動事情の研究が緊要であることを踏まえ、各方面の執務参考資料としてここに作成・印刷した。関係在外公館の今後の調査報告によって更に追加・補足していく》(『米国ニ於ケル共産主義運動／米一調書第三輯』昭和十二年)

内務省警保局の報告書は、どちらかというと米国共産党の対日工作に焦点を当てていた。これに対して外務省は、ルーズヴェルト民主党政権とソ連、米国共産党との関係と、それが日米関係にどのような影響を与えるのか、という点に注目し、次のように指摘している。

《一九三三年春、ルーズヴェルト大統領が米ソ国交回復を断行したのは、国内の余剰物資の捌《は》け口を求め、ソ連に輸出することで景気回復を図るとともに、満州問題を中心とした極東政局において日本を牽制しようとしたからだ。

米ソ国交樹立の結果、国内の共産主義運動が活発になる恐れがあるが、ルーズヴェルト大統領はそうした危険性を軽視したわけではない。現に米ソ国交樹立に際して米国は、米国内で共産主義宣伝をしないことを条件として提示している。

しかし、ソ連はその条件を守らず、コミンテルンによる対米工作は強化され、米国内での共産主義運動は活発になってきている。しかもルーズヴェルト政権の労働者保護政策は、共産主義者の乗ずるところであり、労働運動も一層激化していく恐れがある》（『米国ニ於ケル共産主義運動』）

国内の治安を担当する内務省は、米国共産党が日本にどのような工作を仕掛けてきているのかに注目し、分析していた。一方、外務省はソ連・コミンテルンの方針変更とそれを受けて米国共産党がどのような活動を米国内で行い、それがルーズヴェルト政権の対外政策に影響を与えることになるのか、という外交的観点から分析しているわけだ。

このようにインテリジェンス活動も、同じ情報に接しながら、その立場によって分析が異なる。よってどこの国でも、国内治安担当、外交、軍事、経済・金融など、複数のインテリジェンス組織を持っていて、しかもその多様な情報分析を取りまとめる仕組みを構築している。対外インテリジェンス機関は必ずしも一つである必要はないのだ。

因みに米軍は、海軍、陸軍、空軍、海兵隊、それぞれが独自のインテリジェンス機関を持っていて、それぞれの役割に基づいて対外情報収集と分析を行っている。

## シナ事変の背後にコミンテルンの策動あり

一九三三年、ルーズヴェルト民主党政権が発足し、米ソは国交を樹立した。

その二年後の一九三五年、コミンテルンは第七回大会において「統一戦線」路線を打ち出し、「米英と手を結び、ドイツと日本を追い詰める」世界戦略へと路線変更する。

こうした国際的な動きの中で一九三六年十二月、中国の西安で中国国民党の蔣介石《しょうかいせき》が張学《ちょうがく》良《りょう》によって拘束され、それまでの「国共対立」から第二次「国共合作」、つまり中国国民党と中国共産党が連携して反日統一戦線を構築する方向へと大きく変わっていく。構図を示すと以下のようになる。

［米国、イギリス、日本、中国国民党（蔣介石）］　対　［ソ連、中国共産党］

←

［ソ連、中国共産党、中国国民党］ 対 ［日本］ ※米国とイギリスは様子見

国際政治力学が日本に不利に傾きつつあった一九三七年（昭和十二年）七月、中国で盧溝橋事件が起こり、日本軍と蔣介石率いる中国国民党軍が軍事紛争状態に入り、シナ事変が勃発する。それまで蔣介石は日本には宥和的であったが、このシナ事変を契機に日中関係は悪化していく。

このシナ事変勃発を受けて、内務省警保局、つまり外事警察の体制はさらに強化されることになる。北村滋氏はこう指摘する。

《昭和一二年七月に支那《しな》事変が勃発するや、我が国は、次第に本格的戦争に介入せざるを得なくなり、近代戦に対応する国内体制の整備に迫られた。

戦時における外事警察は、敵性外国人の抑留と保護警戒、俘虜《ふりょ》及び外国人労働者の警戒取締り等は勿論《もちろん》のこと、敵性国による諜報、謀略、宣伝の諸活動に対抗する防諜機関として国策遂行上極めて重要な任務を担うこととなった。

同年一〇月、警保局に、外事課が再び設置され、翌年一三年には、愛知・福岡の二県にも外事課が新設され、従前の北海道・警視庁・神奈川・大阪・兵庫・長崎に加えて、八庁道府

県に外事課が置かれるに至った》（「外事警察史素描」）

シナ事変が激化すれば、中国大陸だけでなく日本でもテロや破壊工作が予想される。そうしたテロ活動を未然に防止するために、内務省警保局は中国の蔣介石政権に軍事援助を始めたソ連とコミンテルンの動向に神経を尖らし、日本政府と日本軍の幹部向けに次々と報告書を作成している。

その第一が、盧溝橋《ろこうきょう》事件からわずか二カ月後の一九三七年九月、警保局保安課が作成した『コミンテルンの我国に対する策動状況（其の一）』だ。実に百四十四ページものこの報告書は、「緒言」でこう訴えている。

《我が国に対するコミンテルンの策動は、一九三五年に開催された第七回世界大会以降、活発化し、一般大衆に対する共産主義思想の宣伝煽動という初歩的策動は勿論のこと、大会において採択されたいわゆる新方針に基づく反戦反ファシズムの人民戦線結成策動、或いは戦争発生時に我が国の敗北を促進するための策動など積極的な活動を展開しつつある。

これらの策動の中でも注目すべきは、コミンテルン本部において新使命を果たす目的のもとで特殊訓練を受けた日本人の共産党員（朝鮮人を含む）の秘密行動と、米国共産党を通じた文書活動だ。

現在、シナ事変がますます拡大する傾向にある中、彼らの活動はいよいよ積極的かつ執拗になってくることが予想され、その対策には格別の警戒を必要とするところだ》

（内務省警保局『コミンテルンの我国に対する策動状況（其の一）』）

こう述べて、次の七つの策動について述べている。

一、日本人共産主義者のロシアへの入国と、帰国による策動
二、コミンテルンの文書による策動
三、米国共産党を通じての策動
四、ソ連のウラジオストック国際海員クラブを通じての策動
五、中国の上海極東局、中国共産党並びに満州に於ける共産主義者を通じての策動
六、北樺太地方を通じての策動
七、プロエス活動（国際エスペラント語活動）を通じての策動

シナ事変の勃発とともに、ソ連・コミンテルンはソ連において破壊工作の教育を施した活

動家を日本に送り込むだけでなく、米国、ウラジオストック、上海、満州、北樺太などを経由して対日破壊工作を仕掛けてくる恐れがあった。

加えて、日本の共産主義者たちや、国際エスペラント語（世界共通で使える人工言語のことで、戦前、知識人層に流行した）を学ぶ知識人層に、反戦平和の名のもと、共産主義革命の必要性を訴える宣伝工作などを仕掛けてくる恐れがある、と指摘したわけだ。

第二の報告書が、同じ一九三七年九月に警保局保安課が発刊した『支那事変に対するコミンテルンの策動』だ。九十一ページもの報告書では、次のように分析している。

《コミンテルンは、昭和十年の夏、第七回世界大会を開催して、近年における国際情勢の逼《ひっ》迫《ぱく》はファシズム国家の台頭した結果であると断じ、これに対する反対闘争をもって当面の主要任務とした。とりわけ東洋においては日本、ヨーロッパにおいてはドイツならびにポーランドは、世界における戦争煽動者であると決めつけ、これらの国に対しては全力を傾注して闘争すべきことを決議した。

それ以来、日本の左翼に対して米国共産党を通じて盛んにこの方針に基づいた宣伝文書を送り付け、いわゆる人民戦線運動を展開させ、日本国内の国論の不統一と国内相克《そうこく》を画策し、また、ソ連にいた日本人共産主義者たちを日本に派遣して運動の指導に当たらせると共に、我が国の軍事諸情勢を探らせ、或いは戦争が起こった際に後方攪乱《かくらん》をさせようとしている。

一方、満州国内の共産主義分子並びにその他の反乱分子を煽動しては抗日の策動をなさせ、或いは中国政府並びに民衆に抗日意識があることを利用して中国共産党を通じて中国全体が日本に反抗するよう誘導しようとしている。（中略）

シナ事変発生後も、コミンテルンは中国共産党を指導して中国の民衆に抗日戦争拡大を煽動するとともに、蔣介石政権並びに中国の要人たちを威嚇《いかく》・強要し、抗日全面戦争へと追い込んでいる。

そしてこの抗日戦争を利用して中国全土の共産化と蔣介石政権内部に中国共産党が浸透することを狙い、ソ連と中国国民党との不可侵条約を締結し、中国にソ連の軍事指導官を派遣し、武器を供給し、財政的支援を実施するなど、あらゆる方法をもって中国が日本に敵対行動を取るように仕向けている。

中国共産党もこうしたコミンテルンの方針に基づき抗日及び中国共産化拡大のため、便衣兵（私服を来たゲリラ）を活躍させ、抗日義勇軍を編成し、日本軍に対するゲリラ活動を仕掛けているほか、満州方面に潜入して攪乱工作を仕掛けようとしている》（内務省警保局『支那事変に対するコミンテルンの策動』）

要するにコミンテルンは、米国、中国、日本国内と、あらゆる方面から反日工作を仕掛けており、その目的は、シナ事変を拡大することで戦争の被害を拡大し、蔣介石政権と日本との対立を煽《あお》るだけでなく、中国民衆の間に日本軍と中国国民党政権への反発を煽り、中国共産党に同調するよう宣伝を繰り広げ、中国共産党の支持者を増やすことだと指摘したわけだ。

## インテリジェンスを軽視した日本軍と日本政府

ソ連・コミンテルンが米国や中国の蔣介石政権に対して反日宣伝工作を仕掛け、日米分断、日中分断の策動を仕掛けていることを、内務省警保局と外務省アメリカ局はこのようにかなり正確に把握していた。

だが、内務省警保局と外務省アメリカ局のインテリジェンスを、当時の日本政府、そして日本軍は果たしてどれほど理解していたのか。

一九三七年（昭和十二年）十二月二十九日、外務次官の堀内謙介は前述の『米国に於ける共産主義運動』を「ご参考まで」として、陸軍次官の梅津美治郎《よしじろう》にわざわざ送付している。

その意図は不明だが、恐らく外務省としては、ソ連・コミンテルンによる日中、日米分断策動に乗らないように注意を促す意図があったのではないだろうか。

というのも、日本軍は十二月十三日、蔣介石政権の首都であった南京まで進軍し、これを包囲・陥落させ、前年まで中国共産党と敵対していた蔣介石政権を完全に、親ソ抗日へと追いやってしまっていたからだ。

しかもその前日の十二日には、日本海軍第十二航空隊と第十三航空隊が揚子江上の米国艦船パナイを誤爆したパナイ号事件が起きている。

米国では当時、後述するようにコミンテルン・米国共産党系の団体による反日宣伝が繰り広げられていたこともあって、この事件をきっかけにルーズヴェルト政権はさらに反日へと舵を切ることになっていく。中国大陸での日本軍の行動は結果的に、コミンテルンの反日統一戦線工作を助長することになったわけだ。

だが、インテリジェンスを軽視していた当時の日本軍は目の前の敵、つまり蔣介石率いる中国国民党軍との戦闘でいかに勝利するかばかりを考え、自らの軍事行動が国際社会、特に日米関係にどのような影響をもたらすのか、十分に検討していなかった。

あくまで一般論として述べているのだが、元防衛省防衛研究所の小谷賢氏はこう指摘している。

《昭和に入ると日本のインテリジェンス機能は停滞してしまい、一九三〇年代後半まではほとんど大規模な組織改編は行われなくなる。基本的な陣容は、陸軍参謀本部第二部、海軍軍令部第三部がそれぞれ中央軍事情報部としての機能を有した。そして陸軍は外国の通信を傍受する通信情報部、中国大陸から満州にかけて派遣された特務機関、海外の在外武官などを海外の情報収集組織として利用し、国内においては憲兵隊に防諜機能を持たせたのであった。他方、海軍も通信情報部や特務部、在外武官から対外情報を収集する仕組みになっていた》（『日本軍のインテリジェンス』）

残念ながら日本軍の対外政策は、対外情報よりも陸海軍内部の組織関係、つまり「誰々という偉い人がこう言っているのだからこうしよう」といったような身内の都合に影響されていたのだ。小谷氏はこう続ける。

《戦略レベルにおける日本の態度は基本的に受身であり、対外政策に関しても外的要因というよりは、陸海軍内部の組織関係が意思決定に及ぼす影響がきわめて大きかった。従ってこのような対外政策決定過程にとって重要なのは部内の組織や人間関係であり、対外インテリジェンスではなかった》（『日本軍のインテリジェンス』）

インテリジェンスを重視しなかったのは、日本軍だけではなかった。日露戦争当時と異なり、日本の指導者層自体がインテリジェンスを重視しなくなってしまっていたのだ。

当時の日本政府、つまり近衛文麿内閣は当初、中国との早期停戦を模索していたが、中国国民党政府の首都南京を占領するや、翌一九三八年一月十一日、御前会議を開催し、シナ事変処理根本方針を決定した。中国を相手に連戦連勝しているのだから、蔣介石政権に譲歩する必要などないと言わんばかりに、対中強硬姿勢を打ち出し、結果的に蔣介石政権を相手にしたシナ事変は長期化していく。

そして、ずるずると続いていくシナ事変への反感、つまり日本軍による中国での戦闘行動への嫌悪感から、米国では反日宣伝がますます勢いを増していく。しかも米国での反日世論の高まりは、日本をして反米へと追いやることになっていく。

シナ事変を拡大・長期化させることで、日本が国際社会の中で孤立するように追い込み、アメリカやイギリスと日本との関係を悪化させていく。このコミンテルンの方針が現実のものになっていったのだ。

## 米国共産党を警戒した在ニューヨーク総領事・若杉要

かくして中国大陸をめぐって日米関係は悪化していくのだが、そうした日米対立を煽っている存在こそ、コミンテルンであり、米国共産党であると訴え続けた外交官がいた。在ニューヨーク総領事の若杉要《かなめ》だ。

若杉要は一九三六年（昭和十一年）十二月、専任総領事としてニューヨーク在勤を命じられ、翌年四月に着任した。

当時のニューヨークは米国共産党の本部があったところであり、同時に反日宣伝活動もかなり活発であった。若杉は米国での反日宣伝活動を調べていく過程で米国共産党の存在に気づき、本格的に調査を行ったと思われる。

若杉は南京攻略戦の直前の一九三七年（昭和十二年）十一月二十六日、広田弘毅《こうき》外務大臣宛に「事変ニ関スル対日運動一覧表送付ノ件」と題する機密文書を送り、こう訴えた。

在長春《ちょうしゅん》日本領事館時代の若杉要（明治41年1月14日）
［提供：若杉真暉氏］

《米国在留中国人が在米中国大使館と連絡をとり、組織的に救国抗日運動に従事していることは、たびたび送っている米国で発行されている共産関係新聞雑誌などによって既に御承知のことと思います。

シナ事変勃発以来、この抗日運動は更に露骨になってきていて、在米中国大使館の指揮監督のもとに在留中国人から救国軍事公債を募集したり、一般の華僑から軍事費又は義捐《ぎえん》金を募《つの》ったりしていて、シナ事変の進展に伴い、米国共産党又は反戦平和系の米国人学生など諸団体がこの抗日運動に参加し、米国において抗日宣伝又は日本品ボイコット運動が全米各地で発生している。

しかし、これらの反日運動は前述したように中国人及び共産党系の米国人たちの活動であって、米国の一般世論を代表しているとは思えない。その証拠としてこれらの反日運動の中心にいる在米の中国人団体のリストと、米国人の反日団体リストを送ります》（傍点は筆者）

（外務省『支那事変関係一件／輿論並新聞論調／支那側宣伝関係　第一巻』）

シナ事変に関連して米国で日本批判が出ているが、それは中国人と米国共産党の反日宣伝の影響であって、米国世論を代表しているわけではない。米国を反日だと思い込んで、米国と対立するようなことをすれば、それは中国とコミンテルンの思うつぼだと訴えたわけだ。

若杉総領事は翌一九三八年七月二十日にも、宇垣一成《うがきかずしげ》外務大臣に対して、『当地方ニ於ケル支那側宣伝ニ関スル件』と題する機密報告書を提出し、米国の反日宣伝の実態について次のように分析している。

一、シナ事変以来、米国の新聞社は「日本の侵略からデモクラシーを擁護すべく苦闘している中国」という構図で、中国の被害状況をセンセーショナルに報道している。
二、ルーズヴェルト政権と議会は、世論に極めて敏感なので、このような反日報道に影響を受けた世論によって、どうしても反日的になりがちだ。
三、アメリカで最も受けがいいのは、中国国民党の蔣介石と宋美齢《そうびれい》夫人だ。彼らは「デモクラシーとキリスト教の擁護者だ」と米国の一般国民から思われているため、その言動は常に注目を集めている。
四、一方、日本は日独防共協定を結んでいるため、ナチス・ドイツと同様のファシズム独裁国家だと見なされている。
五、このような状況下で中国擁護の宣伝組織は大別して中国政府系と米国共産党系、そして宗教・人道団体系の三種類あるが、共産党系が掲げる「反ファシズム、デモクラシー擁護」が各種団体の指導原理となってしまっている。
六、米国共産党系は表向き「デモクラシー擁護」を叫んで反ファシズム諸勢力の結集に努めており、その反日工作は侮りがたいほどの成功を収めている。
七、米国共産党の真の狙いは、デモクラシー擁護などではなく、日米関係を悪化させ、結果的に日本がソ連に対して軍事的圧力を加えることができないようにすることだ。

（外務省『支那事変関係一件／輿論並新聞論調／支那側宣伝関係　第一巻』）

若杉はこう述べて、近衛内閣に対して、「ルーズヴェルト政権の反日政策の背後には米国共産党がいる」ことを強調し、ソ連・コミンテルンと米国共産党による日米分断策動に乗らないよう訴えたのだ。

## 『米国共産党調書』発行

ルーズヴェルト政権はその後、反日世論の盛り上がりを受けて一九三九年七月二十六日、日米通商航海条約の廃棄を通告。日本はクズ鉄、鋼鉄、石油など重要軍需物資の供給を米国に依存しており、日本経済は致命的な打撃を受ける可能性が生まれてきた。

米国に対する反発が日本国内に沸き上がりつつある中で、若杉総領事率いるニューヨーク総領事館は一九三九年九月、米国共産党による対米工作の実態をまとめた『米国共産党調書』を発行する。

本書で紹介するこの『調書』は、内務省警保局と外務省が実に二十年にわたって調査を続けたインテリジェンス活動の集大成ともいうべきものだ。

発行の経緯は冒頭に以下のように記されている。

《本調書がほとんど完成した八月下旬、突如《とつじょ》独ソ不可侵条約が締結され、さらに引き続きソ連邦がドイツと共同してポーランド分割の挙に出たのを受けて、従来ソ連邦がファシズム諸国、特にドイツの侵略行為に対するデモクラシー諸国共同戦線の中心勢力であるとの建前でソ連の防衛を行ってきた米国共産党の政策、綱領はこの新事態に対応し修正を加えられるべきことは当然である。

しかし独ソの親善関係が何時まで継続するのか予断できないと共に、他面過去および現在における組織および綱領を明らかにすることは、今後ソ連邦の新たな対外政策並びにこれに関連しソ連邦または米国共産党に対する米国政府及び民間の態度の変化等に応じ、共産党の党是《とうぜ》または活動綱領の上に招来するであろう変化を占う上で不可欠の資料であることはもちろんのことなので、だいたい過去一年間にわたって調査した結果をそのままここに載録した。

もっとも新事態に応じ、既に生じている変化またはこの可能性等にして明らかになっているものは出来得る限りこれを補足しておく》(『米国共産党調書』。以後、特に出典の明記がないものはすべて同書からの引用)

一九三九年九月は、ナチス・ドイツによるポーランド侵攻をきっかけに始まった第二次世界大戦勃発の時期である。

正確に言うと、一九三九年八月二十三日、共産主義のソ連とナチス・ドイツがモロトフ・リッベントロップ協定と呼ばれる不可侵条約を締結し、その秘密議定書で欧州とこれら二つの全体主義体制に挟まれたポーランドを始めとする独立諸国の領土とを分割して、彼らの権益圏内に組み込むべく、第二次世界大戦を始めたわけだ。

実はそれまでソ連は、ナチス・ドイツを「ファシズム国家」として非難し、ドイツもまた共産主義反対を掲げてソ連を非難していた。そんな犬猿の仲であったドイツとソ連が突如として「不可侵条約」を結んだことは、国際社会に大変な衝撃を与えた。

当時、日本はドイツと「日独防共協定」を結び、さらなる同盟締結に向けて交渉中であった。当時の平沼騏一郎《きいちろう》内閣は、ソ連との不可侵条約締結は「日独防共協定」に違反するとして猛抗議の末に、「欧州の天地は複雑怪奇なる新情勢を生じた」という有名な言葉を残して総辞職し、日本とドイツの同盟交渉は事実上打ち切られることになった。

何しろ、ソ連と国際共産主義の脅威に共に立ち向かおうと、日本はドイツと「協定」を結んだのに、そのドイツがこともあろうに、ソ連と手を組んだのだ。日本からすれば「ふざけるな」であった。

ドイツとソ連の連携、そして第二次世界大戦の勃発という急変する国際情勢にあって、若杉は、ソ連及び米国共産党の戦略、工作手法を深く理解することこそが錯綜《さくそう》した国際情勢を理解するうえで重要だと考えた。

この膨大な調査を背景に若杉は、一九四〇年七月二十五日、三日前の二十二日に発足したばかりの第二次近衛内閣の松岡洋右《ようすけ》外相に対して、『米国内ノ反日援支運動』という報告書を提出し、次のように訴えた。

一、米国における反日・中国支援運動は、大統領や議会に対して強力なロビー活動を展開し効果を挙げているだけでなく、新聞雑誌やラジオ、そして中国支援集会の開催などによって一般民衆に反日感情を鼓吹《こすい》している。
二、この反日運動の大部分は、米国共産党、ひいてはコミンテルンが唆《そそのか》したものだ。
三、その目的は、中国救済を名目にして米国民衆を反日戦線に巻き込み、極東における日本の行動を牽制することによって、コミンテルンによるアジア共産化の陰謀を助成することだ。
四、中国救済を名目にして各界に入り込もうとする、いわば米国共産党による「トロイの木馬」作戦の成功例が、中国大陸での日本軍の残虐行為を非難する米国の著名人団体「日本の中国侵略に加担しないアメリカ委員会」だ。共産党関係者を表に出さず、へレン・ケラーといった社会的信用があるリベラル派有識者を前面に出すことで、政界、宗教界、新聞界を始め一般知識人階級に対してかなり浸透している。

五、共産党のこのような作戦に気づいて苦々しく思っている知識人もいるが、一般民衆の反日感情のため、反日親中運動に対する批判の声を出しにくくなっている。

（外務省『支那事変関係一件　第三十一巻』）

つまり、ルーズヴェルト政権の反日政策に反発して近衛内閣が反米政策をとることは、結果的にスターリンによるアジア共産化工作に加担することになるから注意すべきだと、若杉総領事は訴えたわけだ。

だが、その声に、近衛内閣は耳を傾けなかった。

若杉総領事の報告書が届いた翌日、近衛内閣はソ連のスパイ組織である「ゾルゲ・グループ」の尾崎秀実《ほつみ》が参加していた昭和研究会の影響を受けて、アジアから英米勢力排除を目指す「大東亜新秩序建設」を国是とする「基本国策要綱」を閣議決定し、翌一九四一年四月十三日には日ソ中立条約を締結するなど、ソ連と連携し、米国に敵対する外交を推進していった。

対抗して米国のルーズヴェルト政権も、米国共産党が煽った反日世論を背景に、対日圧迫外交を強化していく。

　こうして日米両国が対立を深める中、一九四一年（昭和十六年）二月、日米和平交渉が始まるのだが、野村吉三郎《きちさぶろう》全権大使を補佐すべく特命全権公使として米国に送り込まれたのが若杉要であった。

　外務省としては何としても日米戦争を避けたかった。そのためには、コミンテルンと米国共産党の策動に詳しい若杉の見識が必要だと考えたに違いない。

　若杉は前年十月にいったん帰国していたが、野村大使を補佐すべく特命全権公使として一九四一年二月に米国に着任した。ちょうど同じ時期に『米国共産党調書』は再刊されているのだが、彼の意向が大きく働いたに違いない。

　再刊された経緯は、『調書』の序文で次のように記されている。

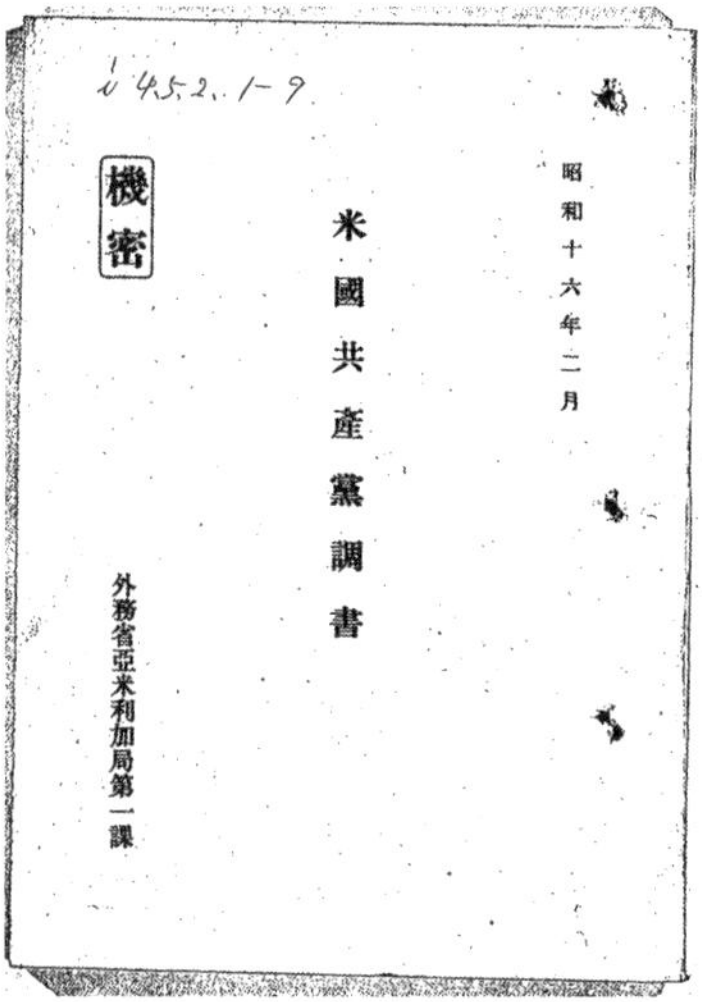

再刊された『米国共産党調書』の表紙

《本調書は昭和十四年（一九三九年）九月、在ニューヨーク総領事館において作成したものである。以来既に一年有半を経過し、修正または増補を加えるべき点も多々あるが、米国共産党の組織並びに活動の全般を知るには適当な資料であると思われるので取りあえず本調書を上梓《じょうし》した》

結果的にその見識は、当時の日本政府の指導者層には採用されることはなかった。だが、それは、日本のインテリジェンス能力が低かったということを意味するわけではない。

当時の日本の対外情報収集・分析能力がどれほどのものであったのか、次章以降、若杉らがまとめた『米国共産党調書』を使って検証していこう。

# 第三章

# 米国を覆った「赤の恐怖」

図2 『米国共産党調書』目次

第一章　沿革
第二章　概説
一　コミンテルンまたはソ連政府との関係
二　米国共産党当面の目標
三　具体的工作方法
四　米国共産党運動の限界
五　米国共産党の組織大要
第三章　共産党の組織および活動
第一節　米国共産党現勢
第二節　入党手続きおよび党費分担
第三節　米国共産党の資金関係
第四節　各級地方支部
第一項　ブランチ
第二項　セクション・オーガニゼーション
第三項　市または郡支部
第四項　州支部
第五項　区支部
第五節　全国代表会議
第六節　全国委員会
第七節　政治委員会

第八節　執行委員会
第九節　全国統制委員会
第十節　米国共産党本部
第一項　略説
第二項　共産党本部建物内の配置
第三項　総務部
一　会計事務
二　庶務
三　役員
第四項　組織部
一　概説
二　党員の増加
三　機構
(1)中央本部
(イ)全国組織委員会
(ロ)労働組合組織委員会
(ハ)失業者組織委員会
(ニ)黒人部組織員
(ホ)婦人委員会員
(2)各級支部における組織部の機構

第五項　フラクション部
第一　概説
第二　一般団体に対する本部の工作方針
第三　労働組合に対する本部の特殊工作
第四　宗教に対するフラクション部の特別工作
第五　フラクション部役員
第六　党フラクションの工作している主要団体
第六項　啓発宣伝部
第一　出版物関係工作
一　共産党の直接発行する定期刊行物
二　党以外の出版物に対する工作
（一）の（A）党外郭団体の定期刊行物および党の直接間接の支配を受ける定期刊行物
（一）の（B）党の直接間接支配を受ける出版社
（二）記者および作家に対する工作
（1）ジョン・リード・クラブ
（2）米国作家連盟
（3）米国新聞ギルド
（4）Federated Press（F. P.）
（5）Crusader News Agency
（6）フェデラル・ライターズ・プロジェクト
（7）Book & Magazine Guild

第二　演劇関係工作
（1）労働者文化連盟
（2）新劇連盟
（3）フェデラル・シアター・プロジェクト
第三　活動写真関係
第四　ラジオ関係
（1）共産党の利用しつつあるラジオ網
（2）共産党のラジオ操縦工作
（3）フェデラル・シアター・プロジェクトのラジオ部
第五　美術に対する共産党の工作
第六　音楽関係
（1）概説
（2）フェデラル・ミュージック・プロジェクト
第七項　教育部
第一　概説
第二　構成
第三　具体的工作状況
一　労働者学校（ワーカーズ・スクール）
二　ワーカーズ・ブック・ショップ
三　Workers Library Publishing Company
四　中等学校、大学および専門学校内における活動

第八項　外国語部局または委員会
第一　概説
第二　機能
第三　一般的構成
第四　各種外国語全国部局構成
第九項　エフォート部
第一　概説
第二　構成
第三　国内攪乱工作の主要目標、方法および具体的先例
第十項　政務部
第一　概説
第二　組織
第三　米国共産党の政党運動
第四　連邦議会および政府諸機関内における共産党の勢力または工作
第十一項　立法部
一　概説
二　職員
三　全米法律家ギルド

第十二項　農業部
一　概説
二　事務所および役員
三　農業関係外郭団体
第十三項　黒人部
第一　概説
第二　黒人工作の綱領
第三　黒人部の構成
第十四項　婦人委員会
第一　概説
第二　構成
一　機構
二　任務
第三　党婦人委員会の支配を受ける諸団体
第十五項　青少年部

## 米国共産党「前史」

本章から、『米国共産党調書』をひもときながら、米国共産党の全容と、当時のソ連・コミンテルンによる対米・対日工作の実態を見ていきたい。

まずは全体像を把握するために、目次を紹介しよう（図2）。

三章構成となっていて、第一章は「沿革」、つまり米国共産党の歴史だ。

第二章は「概説」で、ソ連、コミンテルン、米国共産党の戦略と工作方法などについて解説している。

第三章は「共産党の組織および活動」で、党の組織とともに、各分野への工作について具体的に紹介している。過激な「共産革命」を目的としていることもあって、もともと国民的な支持が弱い共産党は組織建設を重視しており、どういう専門部局が設置されているのかを見るだけで、米国共産党がどのような層への工作を重視していたのかがよく分かる。

十年ぐらい前までは、「米国共産党」という単語を出すと、「そんな政党が存在したのか」と怪訝《けげん》な顔をされることが多かった。

ところが、「ヴェノナ文書」を契機にソ連、コミンテルンの活動の存在が知られるようになっていくと、今度は、神のごとき存在が国際政治を動かしており、コミンテルン、米国共産党の活動が初めから成功するのが決まっているかのように誤解する人に出会うようになった。

だが、この『調書』を読めばご理解いただけるように、米国共産党の歴史は、失敗、試行錯誤の連続であり、とても順風満帆であったとは言えない。現実の政治に関与したことがある人ならば誰もが実感していることだが、政治とは試行錯誤の連続であり、当初の目的通りにことが運ぶことなどほとんどない。

まず『調書』では、米国共産党の結党に至るまでに、一八七四年頃から五十年近い労働運動があったことを指摘している（**図3**）。

《米国における共産運動の起源は約六十五年前、米国最初のマルキストグループが米国労働運動の組織に当たり重要な役割を演じた時に遡ることができる。しかし当時のマルキストはマルクス主義の理論を労働運動の経済的政治的実際問題に適用することができなかった。その理由は資本家に対し、労働階級を煽動するのみで、世論の支持を得るのに必要な政治的手腕を欠いていたからだ》

共産主義運動というと一九一七年のロシア革命とソ連、コミンテルン、共産党を思い起こす人が多いが、ロシア革命前から共産主義運動は始まっていた。

改めて指摘しておくが、コミンテルンとは一九一九年、ロシア共産党のレーニンが主導し

### 図3　米国共産党結成の経緯

| | |
|---|---|
| 1864 年 | イギリス・ロンドンで第一インターナショナル創設。マルクスが趣意書起草（～ 1876 年） |
| 1874 年 | アメリカで共産主義者たちが労働運動団体を創設 |
| 1889 年 | フランス・パリで第二インターナショナル創設（～ 1914 年） |
| 1894 年 | 日清戦争（～ 1895 年） |
| 1904 年 | 日露戦争（～ 1905 年） |
| **1905 年** | **IWW（世界産業労働者組合）結成** |
| 1914 年 | 第一次世界大戦（～ 1918 年） |
| 1917 年 | ロシア革命 |
| 1919 年 3/2 | ロシア共産党レーニンがコミンテルン（第三インターナショナル）創設（～ 1943 年） |
| **8/31<br>9/1** | **8 月 31 日に共産労働党（Communist Labor Party）、9 月 1 日に共産党（Communist Party）の二つの共産党が創設** |
| 1920 年 12 月 | 共産労働党と共産党が合同。初代書記長 C. ルーゼンバーグ |
| 1921 年 12 月 | 共産党、表向きの団体として労働者党（Workers Party）を組織 |
| 1922 年 7 月 | 日本共産党設立。11 月、コミンテルン加盟。12 月、ソビエト社会主義共和国連邦成立 |
| 1925 年 8 月 | 労働者党が労働（共産）党（Workers《Communist》Party）という名称を採用 |
| 1929 年 3 月 | 労働者党がアメリカ合衆国共産党（Communist Party of the United States of America）と改称。通称 “Party” |

てモスクワで創設し、一九四三年まで存在したロシア共産党主導による共産主義政党による国際組織のことだ。日本共産党はこのコミンテルンの日本支部として発足したし、中国共産党もコミンテルン中国支部として発足した。

この「コミンテルン」というのは通称で、実際の名称は「第三インターナショナル」だ。第三というのだから、第一、第二も存在する。

第一インターナショナル（国際労働者協会）は一八六四年、欧州の労働者、社会主義者がロンドンで創設した。趣意書は『資本論』を執筆したカール・マルクスが起草した。だが、組織内分裂によって一八七六年に崩壊した。

第二インターナショナルは一八八九年、パリで創設された社会主義者の国際組織である。ストライキやテロといった直接行動ではなく、選挙による議会進出によって労働者の条件改善を目指したが、一九一四年、第一次世界大戦の勃発によって崩壊した。

この第二インターナショナルの影響は全国各地に残り、選挙による議会進出によって労働者の条件改善を求める政党は、民主社会主義政党としてその後も活動を続けている。この民主社会主義者たちは一党独裁のコミンテルン、共産党とは一線を画している。

この第一、第二インターナショナルの崩壊を受けて、ソ連のウラジーミル・レーニンが一党独裁と武力革命も辞さずとの方針で世界の社会主義政党とのネットワークを構築し、世界の共産化を目指したのが、コミンテルンだ。

こうした世界の共産主義運動の影響を受けて、米国でも一八七四年に共産主義者たちが労働運動団体を創設したのだが、《資本家に対し、労働階級を煽動するのみで、世論の支持を得るのに必要な政治的手腕を欠いていた》ので、大した広がりは持たなかった。

資本家を敵視するイデオロギーを掲げるだけで組織的広がりに欠けた米国の共産主義運動が大きな転機を迎えたのは、急進的な共産主義革命を説いたレーニンの登場と、第一次世界大戦の勃発、そして一九一七年のロシア革命の成功によってであった。

《さらに現代に至って共産党が正式に組織された事情を見ると、独立する政治組織としての共産党の成立は、レーニズムが漸次社会党運動（Socialist Party Movement）、つまり進歩的または左翼的労働運動に注入される事により行われた。社会党の中の過激分子は二十世紀当初の十年間にすこぶる活動的となった。一九〇九年には同党最初の分裂を招いたが、一九一二年になり再び重大な分裂を惹起《じゃっき》した。

（註）第二次分裂をもたらした主要人物の一人はウィリアム・ヘイウッド“Big Bill”である。同人はＩＷＷ（世界産業労働者組合）を組織して社会党に対抗したが、その後共産党が組織され、これに入党するまで約十二年間、ＩＷＷ会長として辣腕《らつわん》を振るった。モスクワで客死し、

「世界産業労働者組合（ＩＷＷ・Industrial Workers of the World）」とは、米国最初の産業労働者組合連合体である。一九〇五年に結成され、第一次世界大戦後に解散した。

米国の初期共産主義運動は社会党を中心に展開され、レーニンの理論的影響も受けたが、その活動は分裂の連続だった。

《社会党にとって最も重大な分裂は、一九一九年に起こった第三次分裂であるが、その結果、社会党は今なお回復できないほどの致命的打撃を受け、他方共産党の誕生を見るに至った。

社会党の第一次、第二次分裂を引き起こした極左派は、イデオロギー的に未だ発達していなかったためＩＷＷ（世界産業労働者組合）のようなサンディカリズムに走るか、あるいは社会党に復帰するに至るような状態であった。

しかし一九一九年の第三次分裂に当たってはこのようなことはなかった。つまり当時の極左派は、既にロシア革命の成功並びにこれに伴うコミンテルンおよびソ連邦共産党の成立によってレーニズム革命理論の成果を目撃し、国家の任務、プロレタリア独裁、労働運動等の根本問題に関する従来の間違いを清算した。言い換えれば漠然とした左翼的社会主義、およ

び単なるプロレタリア的好戦態度を脱し、レーニズムの革命理論の根底を把握するに至った》

それまでの共産主義運動は、議会での議席獲得によって労働者の権利を守ろうとする第二インターナショナル活動か、サンディカリズム（労働組合主義）のどちらかであった。

サンディカリズムとは、私有財産制度を廃止し、労働組合と労働者協同組合の自主的な連合体が政府にとって代わるべきことを主張した左翼活動のことだ。十九世紀末からヨーロッパで流行し、米国でも世界産業労働者組合がこの活動を支持し、一党独裁を目指すマルクス・レーニン主義とは対立していた。

だが、共産党一党独裁と暴力によって権力を奪うロシア革命が成功したことから、社会党や労働組合にいた米国の共産主義者たちも、本格的に「暴力によって権力を奪う」レーニン型の共産革命を目指すようになる。

ロシア革命の成功、それが米国の共産主義者たちに決定的な影響を与えたのである。

## 二つの米国共産党

ロシア革命を成功させ、世界にその名を知られたレーニンは、一九一九年にコミンテルンを創設して世界各地に共産党を創設するように呼びかけた。

その呼びかけに応えて、米国社会党にいた人たちも米国共産党を創設するのだが、なんと同時期に二つの米国共産党が結成されてしまう。これはつまらない主導権争いによるもので、ソ連が仲裁に乗り出し、一九二〇年にようやく一つの政党に統合することになったという。

《こうしてイデオロギー的に強化された社会党内の革命的左翼分子は、遂にそれ自身の党として共産党を組織するに至った。それに加えてこの革命分子は当初、共産労働党（Communist Labor Party）（一九一九年八月三十一日設立）および共産党（Communist Party）（一九一九年九月一日設立）の二団体に分立した。これは些細な理論上の相違に基づくものだったが、結局十五カ月後、つまり一九二〇年十二月初旬、チャールズ・ルーゼンバーグ指導の下に合同した。ルーゼンバーグは新共産党の最初の書記長となり、一九二七年三月に死亡するまでその地位にあって、党の拡大強化を図った》

共産主義研究の専門家であるハーヴェイ・クレア、F・I・フイルソフ、ジョン・アール・ヘインズの三名がソ連崩壊後、エリツィン政権のもとで一時的に情報公開されたソ連・コミンテルンの機密文書を入手・分析し、一九九五年に発刊された *The Secret World of American Communism* という本がある（日本版は『アメリカ共産党とコミンテルン―地下活動の記録』五月書房、二〇〇〇年)。

一九九一年にソ連邦が崩壊し、ロシアのボリス・エリツィン政権時代に、「ロシア現代史文書保存・研究センター」(RTsKhIDNI)に保管されていたソ連・国際共産主義の対外工作に関する文書が時をおいて公開されるようになった。

このソ連・コミンテルン、KGB文書、いわゆる「リッツキドニー文書」を使って書かれた同書は、米国共産党研究の決定版とも言われている。

米国共産党は、政治的に注目を集め続けてきたにもかかわらず、内部資料が公開されてこなかったこともあり、ある者は過大評価し、ある者は過小評価し、その評価がなかなか定まってこなかった。クレアたちも、次のように指摘している。

《アメリカ合衆国共産党(CPUSA)ほど議論の的となった政治団体は少ないであろう。1919年の創立から1960年代の衰退に至るまで、アメリカ合衆国共産党は常にニュースの種になり、政府職員の関心の的となってきた。華々しく過激なデモやストライキ等の事件に関与することが多く、地方や連邦の捜査局の標的でもあり続けたのである。(中略)

このような反発を引き起こした共産主義運動は、レーニンが率いるボルシェビキ党が1917年11月に突如ロシアの政権を握ったことに端を発している。ロシアにおいてマルクス主義的社会主義が勝利したことは、世界中の急進派を鼓舞した。ボルシェビキの成功に刺激されたマルクス主義革命派は欧州のいくつかの国で権力を握り、さらに他の国でも権力を握ろうとする大胆な試みを開始した。第一次世界大戦後の政治的社会的混乱の中で、マルクス主義者の千年王国は近づいたかに思われた。アメリカ国内でさえ、その当時小さいが活発な政治的存在であった社会主義政党の参加者の中に新体制を熱望する声が高まった》（『アメリカ共産党とコミンテルン』）

第一次世界大戦の激しい戦火は、ヨーロッパ諸国に甚大な損害を与え、「西欧の没落」がまことしやかに語られていた。ヨーロッパのキリスト教社会が崩壊し、代わって共産主義革命によって「労働者天国」が実現するのだと、現状に不満を抱く世界各地の社会主義者たちは考えたのだ。

《レーニンは、ボルシェビキ革命に触発されて生まれたさまざまな革命運動を自己の統制下に置こうと試みた。彼の新しい機関は、コミンテルンという新しい組織であった。1919年に、ボルシェビキは、世界革命を共同で推進するために世界各地の急進政党を招集した。第一回のコミンテルン大会はもっぱら小グループ（といってもメンバーが一人だけの場合もあった）を代表する個人の参加で成り立っていたが、数年後には世界中で共産党が創設されたり、既存の社会主義者グループから分かれたりして誕生した。コミンテルンはモスクワに本部を置き、レーニン政権から事務所、備品、スタッフの提供を受けた。重要なのは、ソ連がコミンテルンに潤沢な資金をも提供したということである。この資金は、押収したツァー時代の宝石や金銀であり、これらが生まれたばかりの共産党への資金援助に使われた》（『アメリカ共産党とコミンテルン』）

世界各地で結成された共産党は、活動資金の提供などを通じてソ連によって、ある程度コントロールされていたわけだ。

このソ連・コミンテルンの活動資金について、クレアたちが《この資金は、押収したツァー時代の宝石や金銀であり、これらが生まれたばかりの共産党への資金援助に使われた》と指摘している点に注目したい。この資金の問題については第七章でも触れることにする。

このようなロシア革命の成功が契機となり、一九一九年に二つの米国共産党が創設されることになる。米国の共産主義者たちも「労働者天国」の実現を夢見て、ロシア革命のような暴力革命を成し遂げようとした。

《急進派を自称し、後に著名なアメリカ共産党員となったウィリアム・Z・フォスターWilliam Z. Fosterは、数十万の鉄鋼労働者をストライキに導き、シアトルではボルシェビキの賛美者によってゼネストが闘われて市の機能が麻痺した。政治テロによっていくつもの爆発事件が起こり、数十人が死亡し数百人が負傷した。

このような不穏な雰囲気の中で、1919年に二つの共産主義政党がアメリカの急進派によって作られた。一つはアメリカ共産党The Communist Party of Americaであり、チャールズ・ルーセンバークCharles Rothenbergを党首として、約二万四千人のメンバーがいた。もう一つは共産主義労働党Communist Labor Partyであり、ジョン・リードJohn Reedとベンジャミン・ギトロウBenjamin Gitlowが率いており、約一万人のメンバーを擁していた》（『アメリカ共産党とコミンテルン』）

## 「レッド・スケア（赤の恐怖）」を煽ったウィルソン大統領

一九一九年に創設された二つの米国共産党だが、その出発は多難であった。ロシア革命に続けと言わんばかりに暴力革命を唱え、米国内でテロやストライキを仕掛けたからだ。クレアたちは、こう指摘している。

《二つの共産党は、アメリカ国家の暴力的転覆を主張し、脅迫的な言動を繰り返した。初期の共産主義者であるケール・ペイビエ Carl Päiviö は、1919年に彼が編集する新聞で次のように述べている。

「大衆暴動は……資本家と労働者階級の間で行われるこの最終的かつ決定的な流血闘争……この戦闘を組織化するための唯一可能な手段である……平和革命などという教えは唾棄すべきものである。労働者階級による流血の権力掌握こそが唯一可能な方法である」。

当局には打って出る意思がなかった。たとえば、ニューヨークの検察当局は、州の犯罪騒《そう》擾《じょう》法にしたがい、ペイビエの過激な論説に対して彼を短期間だけ刑務所に収監した。

1919年から1922年の間に、地方、州、連邦の各当局は、暴力革命を唱道《しょうどう》した疑いで数百人の共産主義者を拘束した。カリフォルニア州だけで五百人を超える共産主義者が逮捕され、そのうちの半分以上が短期間投獄された》（『アメリカ共産党とコミンテルン』）

共産党による暴動やテロは「赤の恐怖（Red Scare）」と呼ばれ、アメリカ社会から激しい反発を生んだ。これに対して当時の民主党ウッドロー・ウィルソン政権が過剰反応をしてしまう。

当時の様子を元ニューヨーク・タイムズ記者のティム・ワイナーはこう描いている。

《第一次世界大戦の最後の何週間かで「赤の脅威」が米国政府の想像力をとりこにしてしまった。

ウィルソン大統領はロシアの凍りついた辺境地帯（シベリア）でのボルシェビキ革命勢力との戦闘に一万四千もの米軍部隊を送り込んだ。一九一八年十一月十一日にヨーロッパで砲火がやんだときも、かれらはまだ戦っていた。共産主義に対する米国の最初の戦いは実弾で行われたのである》（ティム・ワイナー著、山田侑平訳『FBI秘録 上 その誕生から今日まで』文藝春秋、二〇一四年）

ロシア革命に警戒して日本は一九一八年八月、シベリアに軍隊を送った。「シベリア出兵」である。その活動に米国も同調していた。ロシア革命に対して米国は肯定的であったかのような「誤解」があるが、実際は、日本と同じく共産主義に対して激しく反発していたのだ。

《大統領は、ロシアの過激派に政治的な攻撃も加えた。側近幹部に衝撃を与えたのは、ロシア革命の指導者がドイツ政府の特務機関に資金を出していた証拠とされる秘密文書の公表を大統領自らが認可したことだった。

これらの文書はウィルソンのプロパガンダ専門家の一人が「史上最大のスクープ」だと信じてホワイトハウスに持ち込んだものだった。大統領はその信憑《しんぴょう》性についてだれにも相談しなかった。それらは偽物――ロシア帝政派のペテン師が騙されやすい米国人に売りつけた粗雑な偽造品――だったにもかかわらず、米国内の政治的雰囲気を一変させた》（『ＦＢＩ秘録 上』）

ロシア帝政派とは、レーニンらに打倒されたロシア帝政を支持する反共グループのことだ。彼ら帝政派はレーニンとソ連を批判するために、でっち上げの文書を米国に持ち込み、ソ連への敵意を煽っていたのだ。そのでっち上げ文書を本物だと信じ込んで、ウィルソン大統領は米国共産党の脅威を叫んだわけだ。

だが、十分な調査もしないまま、いたずらに共産主義の脅威を声高に叫び、共産党への敵意を煽ることは決して得策ではない。

「貧富の格差解消」を叫ぶ共産主義が支持されたのは、不景気や政治的混乱によって実際に貧富の格差が広がり、将来の生活に不安を抱く人たちが増えてしまったからだ。よって共産主義に対抗するためには、なによりも経済対策をしっかりと行い、将来への見通しを持てるように景気をよくするとともに、政治を安定させていくことが必要なのだ。

第一次世界大戦後、国際連盟の創設を提唱したウィルソン大統領は、国際協調主義者としてリベラル派の国際政治学者たちから高く評価されているが、実は、偽の文書に基づいて共産党の脅威を煽った指導者でもあったわけだ。

当時の国際社会には、まだマスコミは存在しなかった。このため事実をきちんと検証する方法もないまま、噂によって政治が大きく左右されていた。かくしてロシア革命への恐怖を背景に、ウィルソン大統領の暴走は連邦議会を動かすことになる。

## 第一次世界大戦後の大量の失業者がもたらした社会不安

実は米連邦議会は、一九一九年にコミンテルンが創設された当初から強い警戒心を抱いており、その関係の会合が首都ワシントンＤＣで開催されたことから、上院は直ちに特別委員会を設置して、その調査にあたっていた。

《いまや議会も共産主義との戦いに加わることになった。

先《ま》ず、一九一九年一月、米上院は司法委員会のリー・オーヴァーマン上院議員の下で、その脅威に関する聴聞会を開始した。司法省はオーヴァーマン議員に捜査局の記録への無制限のアクセスを与えた。司法委員会はそれと引き換えに、他のあらゆる政府機関から得た報告のすべての写しを捜査局に渡した。これらのファイルが、Ｊ・エドガー・フーヴァーの経歴の土台の要石になったのである》（『ＦＢＩ秘録 上』）

ここで出てくるエドガー・フーヴァーとは後にＦＢＩ（Federal Bureau of Investigation・連邦捜査局）長官として、「ヴェノナ文書」の解読にも大きな役割を果たした人物である。

米国は基本的に州政府の集合体であったことから、建国以来、州政府をまたいだ連邦政府、つまり中央政府にはしっかりした捜査局は存在しなかった。

だが、外交関係の進展とともに国民の生命・財産の保護を担当する連邦政府の法執行機関が必要となり、一九〇八年、司法省直轄の捜査機関として捜査局（Bureau of Investigation・ＢＯＩ）が設置された（一九三五年に、現在のＦＢＩに改称）。

ＢＯＩは第一次世界大戦に伴い、外国のスパイ活動などへの対応から規模が拡大したのだが、その際、国際共産主義への対策で頭角を現したのがエドガー・フーヴァーであった。

それほど当時の米国では、国際共産主義の脅威は「過大視」された。例えば一九一九年一月、上院の聴聞会では、次のようなやり取りがあった。

《聴聞会の流れを決定づけた人物は、アーチボルド・スティーヴンソンという名前のニューヨークの弁護士である。ほぼ独学でソヴィエト問題の専門家となった男だった。

「では、その構想とはこの国の政府のなかに一つの政府をつくることか」とオーヴァーマン上院議員が訊いた。「そしてこの政府を転覆させるのか」と。

「まさにその通りだ」とスティーヴンソン。

「この運動はこの国で絶えず大きくなっていると考えるのか」

スティーヴンソンはその通りだとして、これは「今日、この国に対する最悪の脅威」になっている、と述べた。

「なにか対策はあるか」と上院議員が訊ねる。

「外国人の扇動者は国外に追放すべきだ。革命を擁護する米国市民は処罰すべきだ」

オーヴァーマン上院議員は結論を述べた。いまこそ「この証言を米国民に明らかにし、この国でなにが起きているのかをかれらに知らせる」ときである、と》(『FBI秘録 上』)

後述するが、当時の米国共産党に、米国を転覆させる力があったとは到底思えない。だが一九一八年十一月十一日に第一次世界大戦が終わり、戦争産業に従事していた労働者九百万人が動員を解除される一方で、第一次世界大戦に従軍した四百万人が帰国し、大量の失業者が米国に溢れることになった。

なにしろ社会保障などが整備されていない時代の話だ。職がなければ生活していけない。深刻な社会不安のなか、彼ら労働者は次々と職と賃上げを求めてストライキを打ったが、その背後に「共産主義者たち」がいると政府は考えたのだ。少なくともウィルソン大統領や一部の上院議員たちはそう考えた。

そのため一九一九年八月〜九月に創設された二つの米国共産党は、米国政府から厳しく取り締まられることになった。日本外務省の『米国共産党調書』はこう記す。

《この共産党の成立に対し、時の米国政府は強硬なる弾圧政策を採った。一九一九年はストライキの数が多く、米国史上未曾有《みぞう》の年であり、国を挙げて混沌たる状態にあった。

そこでウィルソン政府は、ストライキ煽動者に対し強圧を加えたが、このため投獄された者は四千百三十八名、追放された者は五百五名に及んだ。このような弾圧は、共産運動にとって火の洗礼ともいうべきもので、これによって党は地下に潜り、かえってその団結力や闘争心を強固にさせ、党員もまた約一万名に達した》

米国共産党が過激なストや暴力に訴えたことが厳しい取り締まりを招いたわけだが、第一次世界大戦終結に伴い発生した九百万人の軍事産業従事者と四百万人の従軍兵士という二つの「失業者」たちの登場によって、米国社会は極めて不安定になっていた。

その社会不安が、米国共産党に対する弾圧を生んでしまった、とも言えよう。

そして政府による共産党員の弾圧は皮肉なことに、共産党員同士の団結と地下組織の拡大を生むことになった。

第四章

# 内部抗争から「統一戦線」へ

## 党内の人種対立、宗教対立、労働者間対立

米国政府の徹底的な取り締まりを受け、結党直後から米国共産党の幹部は、地下に潜伏する。身を隠し、秘密工作に従事するようになったのだ。

《コミンテルンの指導と圧力のもとに、アメリカの二つの共産党は1921年に合併し、チャールズ・ルーセンバークが指導者として頭角を現した。またコミンテルン代表部は、アメリカの党を公然組織として作るように指令を出したが、その一方で秘密工作部門を残しておいた》（『アメリカ共産党とコミンテルン』）

米国共産党は統合されたものの、その活動は以後しばらくの間低迷する。その後もイデオロギー論争にこだわり、内部抗争が続いたからである。『調書』は一九二〇年代に米国共産党の党勢が低迷した理由をこう分析している。

《共産党が完全な労農党として労働階級の指導者であるためには、単に革命的煽動教育を実施する他、さらに彼らの目前の経済的、政治的要求のための闘争に関与し、これを指導援助することが必要であった。そしてこの任務を効果的に遂行するためには、当時の共産党は過

去の幾多の誤った方針を打破し、かつ共産党の根本的革命理論の適用に当たって極めて非実際的だった方法を改良する必要があった。そしてこの適用方法の基本的欠陥は、一般的に米国左翼の派閥主義的傾向に基づくものである》

暴力革命路線を掲げて米国の社会の反発を買ってしまい、党幹部は地下に潜伏せざるを得なくなった。ある程度の支持を獲得しようと思うならば、賃上げや待遇改善といった労働者の現実的な課題を解決するといった新しい方策を実施する必要があった。だが、米国共産党は派閥争いという内部抗争に明け暮れたのだ。

その内部抗争は、運動路線の対立だけでなく、熟練労働者と一般労働者の対立、白人と黒人という人種対立、そしてキリスト教、ユダヤ教など宗教の対立に基づくものであった。『調書』は次のように続ける。

《つまり左翼熟練労働者は、同じく左翼的な不熟練労働者に対して何らの同情を持たず、白人は同一組合内において黒人に反対し、キリスト教徒はユダヤ人に対立した。また同じくキリスト教徒間においてもプロテスタントはカソリックに対し敵対的であり、さらに農民は産業労働者との間に何ら境遇上の共通点を見出せない事などがあった。

この派閥精神の可及的除去、つまりあらゆる労働者、黒人、白人、熟練、不熟練、ユダヤ人、キリスト教徒（あらゆる宗派を含む）、農夫および産業労働者を協和させることが、共産党の任務だった。換言すれば、これらの者に共通の階級意識を持たせることによって、相互に融和団結させることを必要とした》

そして米国共産党内部の対立を克服するためには、国際共産主義に基づく共産革命を実現することが、人種、宗教、職業間の対立を克服し、誰もが平等で安心して暮らすことができる「労働者天国」を実現できるのだ、という大義を「実感」させる必要があった。

そのためには、「派閥主義の主張」を克服する必要があったと、『調書』は指摘する。

《その結果共産党は、革命的宣伝が労働者の日常生活の闘争に結びつけられる場合に初めて大衆を啓蒙し組織することが可能であることを悟り、労働者の目前の要望と関係ない革命的スローガンを、一時放棄することに決めた》

『調書』には、共産党の発展過程において、その発達を阻害する派閥主義の主張が次の五つに類別されている。

A　目前の政治的要求実現のための闘争を軽視し、これに対する主義上の反対。

B　議会政治反対。つまり政府の選挙に参加することの拒否（共産主義者は政府選挙に参加することはそもそも目前の経済的政治的利益を達成する道であることを指摘した）。

C　複合組合主義（Dual Unionism）。つまり産業別組合主義に反対し、同業組合主義を主張すること（共産主義者は産業別組合主義によって熟練、不熟練の労働者間に存在する反目を除去する必要を力説した）。

D　自由主義者、平和論者、黒人等のように、本来自然の味方と提携しないこと（共産主義者はその後この点に全力を集中し、「統一戦線」運動を創始することによってこの誤りを訂正した）。

E　神の殺害（God Killing）。つまり反宗教運動の行き過ぎ（共産党はこれが余りに反対を招いたことを悟り、ついにこれを放棄した。そして教会の平和運動に対する関心を利用し、ソ連が世界平和の擁護者であると信じさせることによって、キリスト教団体の内部に深く食い入り始めた）。

簡単に補足しておこう。

Aは、失業で苦しんでいる人たち、人種差別で苦しんでいる人たちを具体的に救済する活動をすべきなのに、「革命が実現すれば、そうした問題は解決する」として、現実の政治的課題を軽視する傾向があった、ということだ。現実に人種差別に苦しんでいる黒人たちに、「共産革命が実現すれば、差別はなくなる」と言うだけでは支持は広がらない。

Bは、ロシア革命のような暴力革命方式にこだわるあまりに、選挙を通じて共産党の主張を広く訴えることを「敵視」する傾向が強かったということだ。

Cは、労働組合には、その構成単位が同一企業内の労働者で組織される「企業別労働組合」（『調書』では「同業組合」）と、同じ業種の企業別労働組合が集まって組織される「産業別労働組合（産別）」がある。例えば、自動車のトヨタの労働者で組織される「トヨタ労組」という企業別労働組合と、同じ自動車会社であるトヨタ、ホンダ、マツダなどの労働者が連携して「自動車労組」をつくる「産別」の二種類があるが、共産党は「産別」を主張した、ということだ。

共産党は、「産別」を結成することで会社への所属意識よりも労働者としての階級意識に基づく労働組合運動を目指した。だが、実際は、「企業別労働組合」として米国共産党に参加した場合が多く、「産別」への移行を拒む人たちが多かった。「企業別労働組合」の幹部たちは、「産別」に移行することによって、それまでの指導者としての地位を「産別」を指導する共産党幹部に奪われることを嫌った。

Dは、共産主義にこだわるあまり、共産主義者でない人たちを排撃する傾向が強かったということである。資本主義に疑問を持つ人たち、差別に反対する人たちならば、まずは仲間にするように働きかけ、取り込んでいくことで米国共産党の影響力を高めるべきであった、ということだ。

『調書』も指摘しているように、一九三五年にコミンテルンが「人民統一戦線」方式を打ち出し、共産主義者でなくともナチス・ドイツや日本といった「ファシズム国家」に反対する人たちならば、自由主義者や資本主義者であっても手を組むべきだ、という運動論に変更したことでようやく、党勢拡大に成功するようになっていく。

Eは、そもそもマルクス・レーニン主義者は、キリスト教を含む宗教を敵視し、「神の殺害（God Killing）」を目指していたのだが、熱心なキリスト教徒が多いアメリカでそうした主張を前面に打ち出せば反発を招くだけであった。だから本心を隠し、巧妙にキリスト教徒たちを取り込むべきであったということだ。

米国共産党の党勢がなぜ伸びなかったのか、これほど的確かつ簡潔にまとめられた文書は珍しい。当時の日本外務省の情報分析能力の高さがうかがわれる。

## 内部抗争で低迷する党勢

この内部抗争を克服するために米国共産党がいかなる活動を繰り広げたのか、『調書』はこうまとめている。

《この派閥主義の抑制および大衆的行動に対する共産党の主要な第一歩は、一九二一年十二月、労働者党（Workers Party）を組織することであったが、この労働者党は、共産党が当時未だ法律的地位を認められていなかったために、できなかったことを代行するために案出されたものである。

そして共産党自体は、なお引き続き地下団体として存在し、当時一般にNo.1と呼ばれ、労働者党はNo.2と呼称された。かかる二重の存在は、一九二三年の後半に至り、地下共産党も解散し、その党員が労働者党員として合法的活動に主力を傾注すると消滅した》

米国共産党は発足当初から政府によって厳しく取り締まられたことから、一九二一年に「労働者党」を設立して、合法的な議会活動を展開し、黒人「差別」問題や農業問題などに取り組み、党勢を拡大しようとしたのだ。

だが、内部抗争は激化する一方であった。『調書』は次のように指摘する。

《共産党は一九二一年、産業組合教育連盟を合併し、この時から産業組合闘争に活発な役割を演じ始めたが、産業組合運動参加は党の指導者間に軋轢《あつれき》を醸すこととなった。つまり産業組合の重要性並びにこの運営方法に関して意見の相違があったが、一九二三年、この軋轢はようやく重大性を加え、党の一切の工作に対し大なる妨害となった。

そして共産党はルーゼンバーグ・ラヴストーン・ワインストン・ペッパー派並びにビッテルマン・ブラウダー・ダン・フォスター派の二派に分かれ、一九二三年から一九二九年に至る六年間、激烈な内紛を続け、派閥抗争は一切の党細胞内にまで及んだ。

こうして党内には二つの候補者予選委員会が併存し、また党の規律は党派的規律よりも軽視され、党の利害よりは党派的利害が重視されるようになった。

これら二派の所属員には度々若干の入れ替えがあったが、闘争は依然として継続していた。そしてその論争問題は、産業組合問題のみならず米国経済および政治情勢の見透し、共同戦線術、社会党およびほかの自由主義団体に対する方針、共産党組織の形式、黒人および宗教団体等にわたるが、終始論争の中心となっているのは産業組合問題であった。

六年にわたる内紛によって党の存在は常に危険に曝《さら》され、その活動は阻止され、かつ党員は漸滅《ぜんめつ》して一九二九年には七千人に下った》

この米国共産党の内部抗争にはソ連・コミンテルンも手を焼いていた。国際共産主義研究の専門家であるクレアたちはこう指摘している。

《コミンテルンは、初期の共産主義運動に生まれた激しい派閥抗争まで解決することはできなかった。二つの派閥の溝は深く、抗争に多くのエネルギーが費やされたため、1920年代を通じアメリカ社会に影響を残す時間も能力も失われた》（『アメリカ共産党とコミンテルン』）

## 派閥抗争を収めたスターリン

米国共産党の内部抗争を最終的に解決したのは、《1924年にレーニンが死んだ後の後継者争いでニコライ・ブハーリンと争い、勝利を収め》（『アメリカ共産党とコミンテルン』）たスターリンであった。

選挙で多数派を獲得した人が指導者になる民主主義と異なり、共産主義では指導者を選挙によって決定しない。ではどうやって指導者を決定するかと言えば、謀略、テロなどによって勝ち残った人が指導者になっていくのだ。そのため、一党独裁の共産主義体制下では、どうしても内部抗争が起きやすい。

よって共産党の歴史は、内部抗争、テロと謀略の歴史となってしまうのだが、そうした内部抗争を抑え込む存在がどうしても必要になってくる。

その最終決定を下してきたのが、ソ連・コミンテルンの指導部だったのである。


≪すべてのケースにおいて、対立の最終的な調停者はコミンテルンであった。反目する指導者がモスクワに出向いてコミンテルンの裁定を仰いだり、アメリカ駐在のコミンテルン代表がその場で勝敗を決めることで、それぞれの抗争の勝利者が確定した。

１９２９年に党指導者のジェイ・ラブストーンJay Lovestoneとベンジャミン・ギトロウ（ルーセンバークは１９２７年に死亡）は、相手派閥への締め付けを止めるようにというコミンテルンの指示に従わなかったとして、スターリンの命令で追放された。

スターリンはラブストーンをブハーリンとイデオロギー的な近親関係があるということで非難した。スターリンは、１９２４年にレーニンが死んだ後の後継者争いでニコライ・ブハーリンと争い、勝利を収めていた。スターリンはソビエトの小作農を強制的に集団化しようという計画を持っていたが、ブハーリンがそれに反対したため、スターリンはブハーリンを「右翼的」偏向だと批判したのである。「ラブストーン派」を一掃したことで、アメリカ合衆国共産党（ＣＰＵＳＡ、まさにその年からこの名前となった）の組織内の派閥抗争に終止符が打たれた》（『アメリカ共産党とコミンテルン』）

米国共産党創設の功労者であったラブストーンらは、ソ連のスターリンによって排除されてしまった。米国共産党は、ソ連・コミンテルンの言いなりであったわけだ。

日本外務省の『調書』も、一九二九年にモスクワ、つまりスターリンの指示で、米国共産党の党首選で勝利したラブストーンが更迭され、代わってフォスターが代表となり、アール・ブラウダーが書記長に就任したことをこう描いている。

《一九二九年、ラブストーンは九十二票対八票にてフォスターを破り、書記長に当選したが、ロソヴスキーの報告によって米国共産党の実情を知ったモスクワは、ラブストーンを異端者であるとして、フォスターを当選させるよう電訓した。こうしてフォスターは書記長に選ばれ、翌一九三〇年にはモスクワの命により新たに設立された全国会長に推され、また当時その片腕であったブラウダーが書記長となった》

だが、その後間もなく米国共産党は、このコミンテルンによって中国から送り込まれたブラウダーによって牛耳られていく。

《一年もしないうちに、カンサス州生まれのアメリカ人で中国でのコミンテルン活動から戻ったばかりのアール・ブラウダーEarl Browderが党首となった。彼は、1945年にソ連の方針に反発して解任されるまで、この地位に留まった》（『アメリカ共産党とコミンテルン』）

ブラウダーは一九二六年から二八年まで、中国においてリヒャルト・ゾルゲ（戦時中にソ連のスパイ容疑で日本政府によって逮捕され、死刑になった）や中国共産党のスパイ部門の責任者であった周恩来《しゅうおんらい》と共に中国共産党を支援し、反日宣伝を主導したこともあるアジア問題の専門家であった。

## 転機となった一九二九年の大恐慌

ソ連本国での権力闘争に勝利したスターリンの「指導」を受けて、米国共産党の派閥抗争も収束した一九二九年、国際共産主義運動にとって大きな転機が訪れた。この年の十月、ニューヨークのウォール街で株が大暴落し、世界恐慌が始まったのだ。

元ニューヨーク・タイムズ記者のティム・ワイナーはこう指摘する。

《大恐慌のもたらした荒廃が共産主義運動に礎石《そせき》を提供した。一九三〇年にはほぼ八百万の人々が職を失った。何千もの銀行が破産し、全国で工場の生産ラインの四分の一が止まった。ハーバート・フーヴァー大統領は行動したがらない、あるいは行動できない様子だった。議会も助けになることはほとんど、あるいはまったくしなかった。米国共産党は激しい内部抗争にもかかわらず、労働組合や実業労働者の間にかなりの支持を固め始めた》（『FBI秘録上』）

日本外務省の『調書』も、大恐慌が追い風になったことを次のように指摘している。

《一九二九年のラブストーン追放に伴うフォスター・ブラウダー派の勝利は、当時の共産党に重大な影響を及ぼしたが、ちょうどこの頃、共産党に重大影響を与えた他の事件が起こった。それは米国史上未曾有の好況の終末を告げた株式市場の崩壊であり、これによって招来する深酷《しんこく》な不況は共産主義培養の理想的条件となった。

不景気に伴う失業者の増加を利用し、共産党は首都および大都市において「飢餓行進」(Hanger March) を組織し、社会不安を煽り、大資本主義組織そのものを攻撃した。そして

銀行家および産業資本家は国富の略奪者であると同時に、労働階級の搾取者であるとして非難した》

共産党にとって不景気こそ党勢拡大のチャンスなのだ。言い換えれば、景気が良ければ、人々は共産党などには見向きもしない、ということでもある。

クレアたちも、不景気を利用して党勢拡大を進めた米国共産党の様子を次のように描いている。

《1930年代の大不況が到来すると、共産主義者に革命の夢がわずかの間戻ってきた。党は一連の大規模なストライキやデモを指導することで名前を広く知られるようになった。アメリカ合衆国共産党は、大不況の初期に失業が急増したことに対して全国的なデモを組織した最初の団体である。

また、党は、ノースカロライナ州ガストニアの織物工場労働者やケンタッキー州ハーラン郡の炭坑労働者の暴力的ストライキを指導したことでも知られ、二人の白人女性を強姦した罪で死刑とされた9人の黒人少年の主張を擁護したことでも有名になった。被告人の年齢、リンチを叫ぶ群衆による法廷の険悪な空気、強姦がなかったという確実な証拠によって、このスコッツボロScottboro事件は南部の人種差別のシンボルとなった。一部の理想主義的なアメリカ人がより大きな社会的正義を求めて共産主義や共産党に向かったとしても不思議ではなかった》（『アメリカ共産党とコミンテルン』）

大恐慌を追い風にして、活動を活発化させていく米国共産党の動向に対する警戒心が高まり、連邦議会では再び共産主義に対する調査が始まった。一九二〇年に、ハミルトン・フィッシュ及びジョン・マコーマック下院議員をそれぞれ委員長とする特別委員会が、いわゆる「外国からの脅威」を調査するため下院に設置されていて、そこが動き出したのだ。

ティム・ワイナーはこう指摘する。

《議会はこれに対応して一九三〇年に米国の共産主義について最初の正式調査を行った。下院の共産主義活動調査委員会は長期にわたる見世物になったが、成功というわけではなかった。というのも、議会の調査委員は出発時点から、偽造文書、でっち上げの証拠、場当たりを狙う証人などのためにケチをつけられたからだ》（『FBI秘録 上』）

共産党員に関係した人を危険視し、すぐに逮捕・拘束する当時の警察のずさんな手法に、世論も反発するようになっていった。

何より国民の主たる関心は、大恐慌からの脱出、つまり景気対策であった。また、当時の米国共産党は、躍進したといっても実際の党員はわずか数千名に過ぎなかった。だから、いくら政治家たちが国際共産主義の脅威を訴えても、世論は動かなくなっていたのだ。

《一九三一年、大恐慌の苦境が広がり、政府への抗議が募るなか、フィッシュ議員は激怒しながら聴聞会を終えた。かれは結論を下していた。

「わが国の政府のどの省庁も共産主義を調査する権限や予算を議会から与えられていない。政府のどの省庁も、とりわけ司法省は、米国における共産主義者の革命活動についてなにも知らない。ニューヨークには約十万人の共産主義者がいる。そのつもりになれば、かれらはホワイトハウスを襲撃して大統領を拉致することができる。そしてどの省庁も翌朝の新聞を読むまで、それについてなにも知らずにいるだろう」》（『ＦＢＩ秘録 上』）

治安維持法などを制定し、国際共産主義運動に対して強い警戒心のもとで調査を続けていた日本とは異なり、米国では国際共産主義に対する調査すらまともに行われていなかった。

米国社会では、共産党に対する関心は薄れ、ＦＢＩが細々と監視を続けるだけであった。

しかもその監視活動に明確な法的根拠はなかった。連邦議会もＦＢＩに共産主義活動を取り締まる権限を与えなかった。政治活動の自由を謳った合衆国憲法のもとで、共産主義運動そのものは「合法」とされていたからである。

《議会は、［ＦＢＩの］フーヴァーに共産主義との戦争のための新たな弾薬を与えなかった。最高裁も同様だった。新しい最高裁長官は国務長官だったチャールズ・エヴァンズ・ヒューズで、共和党の進歩派に属していた。共産主義者でも憲法で認められた市民的自由をもっている、というのがかれの主張であった。

最高裁はイエッタ・ストロンバーグに対するカリフォルニア州の有罪判決を覆したが、その多数意見を書いたのはヒューズ最高裁長官である。十九歳のストロンバーグは共産党のサマーキャンプでカウンセラーを務めていたが、毎朝「赤旗」を掲揚したとして五年間の刑を宣告されていた。かの女への有罪判決は憲法および権利の章典に違反するものだ、というのが最高裁の結論だった。米国では「赤旗」を自由に振ることができるのである》（『ＦＢＩ秘録 上』）

一九二〇年代に米国共産党の活動は一貫して低迷していた。そのため、共和党のハミルトン・フィッシュ下院議員のように国際共産主義運動に強い警戒心を抱いた政治家もいたが、米国の政治家の大半は、国際共産主義への警戒心をすっかり失ってしまったばかりか、共産党の活動を容認するようになってしまっていたのだ。

## 「統一戦線」路線の登場

大恐慌を利用して活動を活発化させる米国共産党をなんとか取り締まろうとしたが、FBIと保守派の政治家たちのこうした目論見は失敗に終わった。

だが、大恐慌を背景に失業者救済を訴えて支持を広げる米国共産党に、強力なライバルが出現する。民主党のフランクリン・デラノ・ルーズヴェルト大統領だ。

一九三二年に大統領に当選したルーズヴェルト大統領は、「ニューディール政策」という名の社会保障政策を推進し、大々的に失業者救済を始めたのだ。この政策は、米国共産党にとって《労働者の革命的闘争心を弱化するもの》であった。

日本外務省の『調書』は次のように分析している。

《労働階級の革命を実現しようとするこれらの努力は、一九三二年十一月、ルーズヴェルトが大統領に選ばれるまで続けられたが、進歩的なルーズヴェルト政府の幾多の改革政策は、従来共産党の攻撃の対象であった多数の社会的不正並びに欠陥を除去、匡正《きょうせい》し、ひいては労働者の革命的闘争心を弱化するものであることが明らかとなったので、共産党は党としてなんらかの戦術的変化の必要を痛感した。

（註）例えば政府は国費で、数百万の家族を救養する救済制度を実施するのみならず、WPA（Works Progress Administration・雇用促進局）およびPWA（Public Works Administration・公共事業局）のような官営事業を起こし、失業者に職を与える制度を創設した》

そこで米国共産党は当初、ルーズヴェルト大統領とニューディール政策に対して批判的な態度をとった。クレアたちもこう分析する。

《1930年代前半のアメリカ合衆国共産党は、社会の片隅に存在する小さな組織でしかなかった。大不況で急進化したアメリカ人もいたが、多くの人々はフランクリン・ルーズベルトのニューディール政策とアメリカの民主主義的伝統の枠内での積極的な改革プログラムとにより多くの魅力を感じていた。それにもかかわらず、共産主義者は、モスクワの承認を得たうえで、ルーズベルトを資本主義の延命を画策する反動であると非難し、ニューディール政策をアメリカ版のファシズムであると決めつけた》（『アメリカ共産党とコミンテルン』）

だが、米国共産党はその後ルーズヴェルト政権への態度を大きく変えていくことになる。ソ連に敵対的なナチス・ドイツ政権が誕生したからだ。

一九三三年一月三十日、ワイマール共和政のパウル・フォン・ヒンデンブルク大統領のもと、アドルフ・ヒトラーはドイツ国首相に任命された。そして翌一九三四年八月二日、ヒンデンブルクの死後、ヒトラーは名実ともにドイツの独裁者になった。

ソ連を敵視するヒトラー政権の誕生を受けて、ソ連・コミンテルンは、それまでの世界戦略を大きく変更し、ドイツや日本といった「ファシズム国家」と戦うために、米国やイギリスといった自由主義勢力とも提携する「統一戦線」路線を打ち出したのだ。

実は一九三一年、中国大陸で満州事変が勃発し、ソ連は日本と国境線を挟んで直接対峙することになっていた。

日本の台頭に恐怖を覚えたソ連は一九三二年二月、「満州に対する日本の攻撃と反ソ大戦争の準備との密接な関係」を理解していない外国の同志たちを厳しく叱責し、「断固たる大衆動員が必要である。何よりも、あらゆる資本主義国の鉄道を通り、あらゆる資本主義国の港から日本に向けて積みだされる武器と軍需物資の輸送に反対しなければならない」として、日本と戦う中華民国を支援するとともに、対日経済制裁を起こすよう各国の共産党に指示した（クリストファー・アンドルー他著『KGBの内幕　上』文藝春秋、一九九三年）。

ソ連の東では、日露戦争で手痛い敗北を喫した日本が国境に迫り、西ではソ連共産主義打倒を叫ぶアドルフ・ヒトラー政権が成立したわけだ。

日独という二つの反共国家の台頭に脅威を感じたソ連は、一九三五年七月二十五日から八月二十日にかけてモスクワで第七回コミンテルン世界大会を開催した。

五十七カ国、六十五の共産党から五百十名の代表が出席した会議では、従来の「階級闘争・世界共産主義革命路線」を全面的に修正し、ナチス・ドイツや日本という「ファシズム国家」と戦うために、米国やイギリスの資本家や社会主義者とも手を組んで、広範な「平和とデモクラシーを守る人民統一戦線」を構築することが決定された。

共産党の立場から言えば、米国やイギリスは資本主義国家なので、「打倒すべき敵」である。だが、反共、ソ連打倒を掲げるドイツや日本が台頭してきており、このままだと、労働者の祖国であるソ連が危ない。

そこで、「打倒すべき敵」である米国やイギリスの資本家、自由主義者たちと「一時的に」手を結び、まずはドイツと日本を打倒することにしよう、ということだ。

このように、「平和とデモクラシーを守る」という名目で、米国やイギリスの資本家、自由主義者たちと「ドイツと日本を打倒する」目的のために手を結ぶことを「人民統一戦線」

戦略と呼ぶ。

要は「世界共産化」よりも、労働者の祖国である「ソ連防衛」に力点を置くよう世界戦略を変更したのだ。

その世界戦略の変更に伴い、次の二つの方針が示された。

第一に、これまで自由主義、資本主義団体と敵対してきたが、今後は、自由主義や資本主義の考え方の持ち主であろうとも、「反ファシズム、反戦思想を持つ者ならば積極的に連携して取り込む」とともに、ファシズムあるいはブルジョワ機関への潜入を積極的に行って、内部から崩壊させる。

第二に、ソ連・コミンテルンの当面の敵は、日本、ドイツ、ポーランドなどに絞り、これらの国々を打倒するためには、イギリス、フランス、米国といった資本主義国とも積極的に提携する。

そして、世界各国の共産党に対して次のような指示を出したのだ。

《共産党は（中略）戦争準備の目的でブルジョワ民主主義的自由を制限する非常立法に反対し、軍需工場の労働者の権利の制限に反対し、軍需産業への補助金の交付に反対し、兵器貿易と兵器の輸送に反対して、たたかわなければならない。（中略）

ソ連が社会主義の防衛のために労農赤軍を出動させることを余儀なくされたばあいには、共産主義者は、あらゆる手段をもちい、どんな犠牲をはらってでも、赤軍が帝国主義者の軍隊に勝利するのをたすけるように、すべての勤労者によびかけるであろう》（日本平和委員会編『平和運動20年資料集』大月書店、一九六九年）

要するに世界各国の共産党は、「資本家打倒」といった共産革命は一時棚上げし、代わってできるだけ多くの自由主義、平和団体と連携しながら、ソ連に軍事的に対抗しようとする日本とドイツの軍備増強に反対し、いざとなればソ連を守るため日本とドイツを敗戦に追い込むよう努力する「反戦平和運動」を優先するように指示したのだ。

## 英米と組んで日独と戦え

ではなぜ、「ソ連を守る」ことが「平和を守る」ことになるのか。

共産主義者は、「戦争とは、資本主義国同士が限られた資源を争奪する過程で不可避的に勃発するものであり、恒久平和を実現するためには国際社会から資本主義国をなくし、世界を共産化するしかない」と考える。しかし、直ちに世界共産化は難しいので、まずは世界共産化の司令塔であるソ連を守ろう、という論理なのである。

クレアたちも次のように指摘する。

《ナチスの脅威が大きくなるにつれ、ソビエトの外交政策、コミンテルンの方針、そして当然ながらアメリカの共産主義者の態度に変化が生まれた。1935年にモスクワで開催された第七回コミンテルン大会において、ゲオルギ・ディミトロフGeorgi Dimitrovが新しいコミンテルンの指導者となった。彼はブルガリア人であり、1933年にナチス・ドイツで起きた国会議事堂放火事件の裁判で被告の一人となったことで国際的に有名であった。彼がファシズムに対抗する人民戦線の結成を呼びかけた。リベラル派や社会主義者を非難してきた共産党は、今度はファシズムの拡大と戦うための連合を呼びかけた。

アメリカ国内では、アメリカ合衆国共産党がルーズベルトのニューディール政策に理解を示した》（『アメリカ共産党とコミンテルン』）

それまで、《リベラル派や社会主義者を非難してきた共産党は、今度はファシズムの拡大と戦うための連合を呼びかけた》という指摘は重要だ。

共産党は国際情勢の変化、特にソ連の意向を受けて、これまでの政策をいとも簡単に覆すことをなんら厭《いと》わない政党だということである。共産党にとって重要なのは、政策の一貫性ではなく、ソ連の意向なのだ。

日本外務省も一九三九年の時点で、ソ連・コミンテルンの世界戦略の変更をほぼ正確に理解し、『調書』において次のように分析している。


《コミンテルンは、一九三五年の第七回世界大会において、一切の民主主義国家（英米仏等）の世論を動員して、ソ連の外敵（当時の日独伊）に当たらせる方針を決定し、その決議に基づく訓令を、直接コミンテルン各国支部に発した。

その要旨は、世論を動員して「平和および民主主義擁護のための共同戦線（United Front for Peace and Democracy）を結成すべし」というものであった。

米国共産党はこの訓令に従い、直ちに一切の国内問題を犠牲にし、日独伊の三国に対する米国世論の悪化に専念した》

せっかく「人種差別反対」「失業者を救え」などと訴えて支持を広げてきたのに、そうした支持者たちはそっちのけで、今度は「ナチス・ドイツ反対」「反日」を訴えるというのだ。

この路線変更に伴い、米国共産党は、それまで批判していたルーズヴェルト大統領を支持する方向へと方針を転換させる。

《なおソ連を援助するこの計画をさらに容易にするためには、ルーズヴェルト政府の好意をつなぐことが得策であることを認識し、一九三六年の選挙にあたり、共産主義者および彼らの支配下にある一切の労働団体にルーズヴェルトを支持させた。

ルーズヴェルトの再選後も、共産党は党機関紙および他の宣伝機関を動員して、ルーズヴェルトの政策を礼讃し、政府との親善関係強化に努めたため、以来共産主義運動は世論の非難を免れることができた。

ルーズヴェルトの国内政策が、現在の段階における米国共産党の社会改造方針に最も有利であるということのみならず、共産党はルーズヴェルトに、ソ連の仮想敵国である日本およびドイツを絶えず圧迫させる報酬として、彼を全幅的に支持することを約束したも同然であった》

ルーズヴェルト政権を《資本主義の延命を画策する反動》（『アメリカ共産党とコミンテルン』）だと非難していたのが、ナチス・ドイツの台頭によってソ連が危うくなると見るや、直ちにルーズヴェルト政権を取り込み、ドイツや日本を敵視する世界戦略へと転換したわけだ。

目的達成のためには、政策転換も厭わない。よって対外政策、外交も、「昨日の敵は今日の友」で、国際情勢の変化によって劇的に変更することがある。

こうしたソ連・共産主義者の戦略思考を正確に理解することこそが重要であり、実際に米国の世論が今後、コミンテルン・米国共産党の路線変更に伴って急激に反日化していく恐れがある、そう若杉総領事は訴えたのである。

## 共産革命とソ連防衛

一九三九年の時点で日本外務省は、ソ連・コミンテルンの指導と監視下で活動していた米国共産党の当面の目標について、『調書』（第二章二）で次のように分析している。


《共産党の最終目的が、米国における無産階級（財産を持たない労働者のこと）による社会革命の成就、また不変の目的としてソ連邦防衛であることは論を俟《ま》たないが、終局的または不変の目的達成のための過渡的手段として、現在においては革命理論を一時背後に隠し、「デモクラシーの擁護、ファシズム排撃」をスローガンとし、共産主義とは二十世紀のアメリカニズムにして最も進歩しているデモクラシーであると説明している。

そしてこのファシズム反対の理論は、そもそもソ連最大の敵が日独伊等のファシズム諸国である特殊事情の下に案出されたもので、したがって今後ソ連邦の外交関係の推移と共に変わっていく可能性もあるが、現在はこの理論は同時に米国内において共産党の活動発展に最も有利なニューディール政策に反対する諸勢力を攻撃する上にも極めて適切である。すなわち従来、米国共産党はファシズム排撃、デモクラシー擁護のスローガンの下に、党の二大目的を同時に遂行してきた次第である》

そして、この事情に関して「（一）ソ連防衛」「（二）共産階級による社会革命」に分けて説明している。

《（一）ソ連防衛
米国共産党のソ連邦防衛という使命達成の方法を理論的、原則的に言えば、米国内においてソ連邦の立場を積極的に擁護宣伝すると共に、米国の精神的、物質的勢力を動員して、ソ連の仮想敵国に対する反対の空気を作り、当該国と米国の関係を悪化させ、これに圧迫を加えることだ。そしてこの原則に基づき、ソ連の現実の仮想敵は、独伊日等のいわゆるファシズム諸国であり、英米仏等いわゆるデモクラシー諸国を糾合し、これに当たらせるため共産党は反ファシズム、デモクラシー擁護というスローガンの下に、過去数年にわたり一切の工作を続け、異常な効果を挙げてきた》

まずこの「ソ連防衛」について整理すると、一九三九年の時点で米国共産党は次のような運動方針を立案した。

〇最終目的――「米国における共産主義革命」
〇当面の目的――「日本やドイツから革命の祖国ソ連を守る」

では、いかにして「ソ連を防衛」するのか。

スターリンからの指示は、ソ連の仮想敵国であるドイツや日本と米国との関係を悪化させ、米国が仮想敵国であるドイツや日本に圧迫を加えるよう誘導せよ、というものであった。

そのために米国共産党としては、次の方針を掲げた。

① 米国内においてソ連の立場を積極的に擁護・宣伝する。
② ソ連の仮想敵国であるドイツや日本に対して敵意を煽る。

こうした方針を実現するためには、何よりも米国の世論を味方につけなければならない。

そこで米国世論を味方につけるため、次のような宣伝方針を打ち出した。

A　革命理論を一時背後に隠す。

B　デモクラシーの擁護、ドイツや日本、イタリアといったファシズム排撃をスローガンとする。

C　共産主義とは、二十世紀のアメリカニズム（明確な定義はないが、自由と民主主義を尊重するアメリカの政治思想という意味合い）であって最も進歩している「民主主義」だと説明するようにする。

こうした米国共産党の宣伝工作は、異常な効果を挙げていく。

実際に一九三六年の大統領選挙において米国共産党は、民主党のルーズヴェルトを支持し、米国共産党機関紙「デイリー・ワーカー」などにおいても、ルーズヴェルトのニューディール政策を褒め称えた。そのため、米国の世論、特に民主党を支持する人々は米国共産党に対し好感を持つようになっていく。

## ニューディール政策を利用した資本主義打倒政策

一方、「（二）共産階級による社会革命」についてだが、「共産革命」の宣伝についてはひとまず中止し、デモクラシー擁護、ファシズム排撃の宣伝に努めた。しかしそれは繰り返すが共産革命を断念したということではなかった。『調書』はこう分析する。

《（二）共産階級による社会革命

現在、米国の強力な経済的、社会的機構を鑑みれば、急速にこの実現を期することは不可能であると共に、一九三五年コミンテルン第七回党大会以来、ソ連防衛目的に重点を置くこととなった関係もあり、本件目的の遂行に関しても、社会革命的過激工作をひとまず中止し、もっぱら国内自由主義分子の糾合、反動勢力の破壊に努めることとなった。

すなわち前出のソ連防衛目的の遂行に関すると、同一スローガンであるデモクラシー擁護、ファシズム反対の旗印のもとに、かつ穿孔《せんこう》工作（boring from within）の技術により、労働組合、文化教育施設、政府機関等に共産党の勢力を徐々に植え付け、内部からこれを支配し、他日目的達成の基礎を確立せんとすることにある。特に民主党のうち、左翼派と保守派とを分裂させるための楔《くさび》を打ち込み、これを分解させることに留意している》

米国共産党はデモクラシー擁護、ファシズム排撃の旗印のもと、巧妙に平和団体、文化団体、慈善団体と関係を強化し、その団体の内部に工作員を送り込み、それらの団体を内部から牛耳ることを目指したのだ。

特に重視したのが、政権与党の民主党への工作であった。民主党内の「左派」と「保守派」とを分裂させるよう楔を打ち込み、「左派」を通じて民主党を乗っ取ろうとしたのだ。『調書』はこう指摘する。

《思うに、共産党が革命目的に実質的一歩前進するためには、まず米国政治諸勢力の根本的再調整を成就する必要がある。そしてこの再調整は、民主党を分裂させることにより、比較的容易にこれを達成できるものである。すなわち民主党分裂の暁《あかつき》には、全国的農民労働党(National Farmer-Labor Party)が出現するだろうと期待しており、この際共産党は、関係労働組合を通し、農民労働党内に支配的勢力を確立することができる》

民主党内部にスパイを送り込み、「左派」と「保守派」とを分裂させるとともに、左派民主党主導で「全国的農民労働党」を作る。

そうした左派政党によって何を目指すのか。資本主義社会に不利な法律を作ったり、社会保障を充実させるという名目で税金を上げたりするなどして、資本主義社会の生産性を低下させる、つまり民間会社の活力を奪うとともに、景気を悪化させる。

生産性が低くなり、景気が悪化すれば、失業者が増えていく。その失業者救済のために政府の補助金制度を拡大していけば、補助金欲しさに失業者たちは労働党、つまり共産党を支持するようになっていくと考えたわけだ。

しかも不景気になり、資本主義社会の混乱がさらに悪化すれば、米国社会は混乱する。その混乱に乗じて一気に共産党が権力を奪えば、共産革命を成し遂げることができる。

『調書』は米国共産党の政策の狙いをこう分析する。

《この政党を支配できるならば、共産党はこれを通して資本主義機構に不利な立法および過重な課税により、資本主義的生産組織の能率低下を招来することに専念するため、例えば社会保険および失業救済の無限の増額によって、幣制（金融の制度）の破壊、ひいては国民経済組織の混乱を図り、他面政府救済金交付により、労農党はさらに政治基礎を強化できるものである。

要するに、健全通貨並びに資本主義制度の各部面に対する不断のサボタージュにより、資本主義を破産に導き、この段階になった時、共産党は最も闘争的、団結的かつ統制力ある団

体として政府の機能を奪取し、いわゆる無産階級の革命を成就しようとするものである》

つまり、米国共産党がルーズヴェルト政権のニューディール政策を支持したのは、単に米国世論を反日親ソへと誘導するためだけでない。ルーズヴェルト政権のもとで、重税と政府補助事業による民間企業圧迫、労働争議の支持、手厚い失業者対策といった社会主義的なニューディール政策を推進していけば、やがて資本主義、自由主義が窒息していくと考えていたと、分析しているのだ。増税と補助金は共産革命への道というわけだ。

『調書』はこう続ける。

《現在共産党が、ルーズヴェルトのニューディール政策を全幅的に支持し、かつ外郭団体とその関係者によってこれを支持させようとしているのは、ニューディール政策が重税および政府補助事業による民間企業の圧迫、理由のいかんにかかわらず労働争議に際し、労働者側支持、極端な赤字財政による公債の累積、失業救済の不断の増額および政府における生存権保障の義務等の主張により、失業者をますます増長させていること、その他各種の社会主義的政策がついに資本主義を窒息させることを確信しているからだ》

実際、社会保険や失業者保険が手厚くなれば、それを主張した（米国共産党が牛耳っている）民主党左派の政治基盤はますます強くなっていく。しかも社会保険料の金銭的負担は民間会社にのしかかり、民間会社の活力は奪われ、結果的に失業者が増えることになった。かくして社会保障が充実すればするほど、民間会社の負担が増え、社会の活力が衰えて、国民経済は混乱するという負のスパイラルに入りこむようになった。

このように共産党は福祉を拡大することで増税し、国民負担率を高めて民間活力を奪い、国民経済を混乱に追い込みつつ、民主党を内部から乗っ取って、民主党・共産党連立政権を樹立しようとしたのだ。

# 第五章

# スパイを送り込め——内部穿孔工作

## 乗っ取られた労働組合

ソ連・コミンテルンは一九三五年、ナチス・ドイツの台頭という新しい国際情勢を受けて、米国や英国などの自由主義者とも手を組む「人民戦線」へと路線を変更したが、それは自由主義者と「仲良くなる」ことではない。共産主義者にとって、自由主義者たちはあくまで「利用する」存在に過ぎない。

現にソ連・コミンテルンは、米国や英国の自由主義者、平和主義者たちの内部にスパイを送り込み、内部からそのグループを操ろうとした。その手法を「内部穿孔《せんこう》工作」と呼ぶ。

『調書』では次のように指摘している。

《コミンテルンは米国共産党のため一般的内部穿孔工作という新戦略を案出したが、これは労働、教育、文化および平和運動の内部に侵蝕してその支配力を獲得しようとする手段であり、共産党員は自由主義運動を攻撃する代わりに、共産主義運動に有利であると認められる一切の団体に自ら潜入し、この内部支配を策するものである。

その好例はＣＩＯ（産業別組合会議）であり、本団体内の少数派である共産分子は、優秀な政治手腕、組織および議事に関する知識を利用し、ＣＩＯ加盟組合の大半を支配するようになった。

これらの党員のように、執拗な努力をする意思をもって行えば、労働問題に限らず教育事業、平和運動その他あらゆる分野における一切の自由主義運動を支配できることは当然である》

この内部穿孔工作は、想像以上の成果を上げることになる。

ＣＩＯという産別労働組合を実質的に乗っ取ることに成功したという『調書』の分析は、クレアたちによって裏付けられている。

《１９２０年代、党は、アメリカ労働総同盟（ＡＦＬ）とその配下にある穏健な労働組合に対抗して、労働組合統一同盟 Trade Union Unity League（ＴＵＵＬ）および一連の革命的労働組合を作り上げていた。人民戦線の戦略の一環として、党はＴＵＵＬを解散し、その戦闘的活動家を労働運動の主流の中に送り込んだ。ジョン・Ｌ・ルイス John L. Lewes が支配していた新設の産業別組合会議（ＣＩＯ）は、自動車、鉄鋼、電気機械のような大量生産型の産業を組織したがっており、そのために有能な組織者が必要であったため、一も二もなく共産主義者の影響力も強まった。１９３０年代後半までに、ＣＩＯのメンバーの四分の一が共産主義者の指導下にある組合に所属していた》（『アメリカ共産党とコミンテルン』）

米国共産党の内部穿孔工作の対象は、労働組合だけではなかった。統一戦線に基づいて、米国共産党がルーズヴェルト政権支持、ナチス・ドイツ反対を明言するようになったことで、民主党や共和党といった大政党との連携にも成功するようになっていく。

《多くのリベラル派はまだ共産主義者に懐疑的であったが、その他の人々は党がルーズベルトを支持したり、熱心にファシズムに反対するのを見て感動し、共産党に協力するようになった。いくつかの州や都市で、リベラル派と共産主義者との人民戦線連合が一定の政治的力を持つようになった。

ニューヨーク州では、民主党と共和党のあいだで勢力均衡を維持する州レベルの組織、アメリカ労働党American Labor Partyで人民戦線派が実権を握った。1944年にそれが民主党と合併すると、共産党員とその協力者は、新しくできた民主—農民—労働党Democratic-Farmer-Labor Partyの中での一大勢力となった。

また共産党員とその人民戦線協力者は、ワシントン州における指導的なニューディール団体であるワシントン・共和党連盟Washington Commonwealth Federationをも支配した。同様の連合を通じて、共産主義者はカリフォルニア、ウィスコンシン、ミシガンの民主党でも、主流派ではなかったものの、相当な勢力を獲得した。1939年までに、約10万のアメリカ人がアメリカ合衆国共産党の党員となった》（『アメリカ共産党とコミンテルン』）

米国共産党は、労働組合、マスコミ、知識人団体、そして民主党、共和党の内部に入り込んで何をしたのか。ルーズヴェルト民主党政権の外交政策を「日本とドイツ敵視」へと誘導するとともに、ソ連を支持する米国世論を形成したのだ。

一九三九年の段階で日本外務省は、『調書』においてこう分析する。

《ルーズヴェルトに対する支持を確保する策として、共産党は一方においては共同戦線運動諸団体を通し、彼の外交政策を礼讃かつ宣伝し、他方においては救済金の増額および私営企業における労働条件の改善工作を指導援助することによって、労働組合並びに失業者の信頼を維持する手段を採った。

こうして共産党は、これら大衆の世論を組織化し、ルーズヴェルトの外交政策であり、かつ共産党自体の任務である日独攻撃を、全幅的に支持させることができた。（中略）要するに当該工作の主要目的は、ソ連の仮想敵国に対し米国民の反感を煽り、かつソ連邦をもって世界平和を求める指導的勢力であると宣伝することにあった。

そしてこの工作は過去五年間の巧みな宣伝工作によって、大きな成功を収め、米国人にドイツに対する憎悪心を植え付け、かつソ連はナチス・ドイツに対する堡塁《ほうるい》であると信じさせることにほぼ成功している》

このように、長らく党勢不振に苦しんできた米国共産党だが、一九二九年の大恐慌と、一九三五年のコミンテルンによる「統一戦線」路線を受けて、ルーズヴェルト民主党政権を支持する立場を打ち出しつつ、米国の労働界、マスコミ、知識人層への「内部穿孔工作」に成功し、確実に米国の政界への影響力を高めることに成功した。

## 「トロイの木馬」作戦

いくら明確な政治目標を掲げても、それを実現するためには適切な戦術が必要になってくる。米国共産党が「米国における共産主義革命」という最終目標と、「日本やドイツから革命の祖国ソ連を守る」という当面の目標、この二大目標を達成するために採用したのが、前述したように、「内部穿孔工作」と「平和および民主主義擁護のための共同戦線」という二つの「戦術」だった。

『調書』は米国共産党の具体的な工作方法（第二章三）について、次のように指摘している。

《共産党が、前記二大目標遂行のため現在用いている手段は前章において述べた「内部穿孔」並びに「平和および民主主義擁護のための共同戦線」（United Front for Peace and Democracy）の二種の戦術である。

この戦術は、前述のように沿革的にはこの適用の目的に差異があるが、たまたまソ連の敵がファシズム諸国であること、またニューディール政策が国内反動勢力の反対を受けている特殊相関関係の下において、この両戦術を巧みに結合して大きな効果を挙げている》

一九三〇年代前半まで米国共産党は、「資本家打倒」、「キリスト教反対」を叫び、ルーズヴェルト政権を含む自由主義陣営を敵視してきた。当然、共和党はもちろんのこと、民主党も「資本主義の味方」であるとして敵視した。

ところが、一九三五年にコミンテルンが「平和および民主主義擁護のための共同戦線」、つまり「統一戦線」路線を打ち出したことを受けて、これまでの「自由主義」批判を止め、共産主義運動に有利だと思われる団体に秘密党員を工作員として送り込み、その団体を内部から支配する戦術に転換した（当時、日本外務省は、この米国共産党の内部穿孔工作を「トロイの木馬」作戦と呼んでいた）。

潜入対象は、労働団体だけでなく、マスコミ、教育、文化、平和運動など多岐にわたった。

## 内部穿孔工作を担当する「フラクション部」

この内部穿孔工作を推進するため、米国共産党は党本部機構の中に、内部穿孔工作を推進する秘密部門としてフラクション部（Fractions Department・内部工作部）を設置していた。フラクションとは、「破片」「断片」という意味で、労働組合、平和団体、教育団体などに「破片」、つまり工作員を送り込み、その団体を内部から支配しようとする部門である。

その戦術は極めて巧妙であり、日本外務省は『調書』で詳細に報告している。

《共産党が支配利用しようとする各種団体または各種運動に対し、少数かつ熱心有能な党員を普通の会員として潜入させ、この党員は党籍を隠し、デモクラシーの使徒の仮面の下に、フラクション部の指揮の下にその全能力および必要に応じて党から支給される資金をもって、当該団体の発展並びに会員個人の私事のためにも日夜奔走し、徐々にその信任を博し、他の会員を自己の主張に傾かせ、同団体内において不可欠の人物視されるように努めるものである。

そしてどのような団体でも、真に熱心な会員は極めて少数であり、大部分は定期会合にすら出席することを嫌がっており、このような熱誠かつ信頼できる会員を発見するとき、大多数の会員は甘んじて自己の主張を代弁させようとするようになる。
それでもなお彼は、自ら表面に立つことを極力避け、世間的に知名の士であり、かつ扱いやすい人物を代表者に推し、自らはその背後にあって該団体の方針を左右することに努めるのである。この程度に内部工作が進捗して初めて共産党領袖《りょうしゅう》は、彼に対し同団体内の特定の工作を要求するようになる次第である》

労働組合などに、秘密党員を送り込み、その団体で熱心に活動をして周りの信頼を勝ち取り、結果的にその団体を内部からコントロールしようとしているというわけだ。保守派は、自らの存在を誇示しようとする傾向が強いが、共産党は逆で、自らの存在を目立たないようにできるだけ隠し、その団体を影響下に置こうとしたのだ。

《米国共産党が、共同戦線および内部穿孔の戦術によって、数百の団体を内面的に支配し、その決議を左右し、その政策を党の政策方針に順応させていることは驚くばかりであり、小はニューヨーク市場末の婦人クラブより、大は三百万の会員を有するアメリカ平和民主主義連盟のような強大な外郭団体に至るまで、党フラクション工作の及ばないところがなしというのも過言ではない。

もっともこのような団体がどのくらいあるのか、また特定団体に対する党の影響がどの程度かは明確ではないが、ただこれらの団体が従来から党の政策と密接に協力している事実により、あるいはさらにこれら団体の役員の中に著名な党員およびフェロー・トラベラー（引用者註・同伴者、２７５ページ参照）の名を発見することにより、党の支配を受けていると推定される》

それでは、どうやって米国共産党の内部穿孔工作を受けている団体かどうかを判別するのか。それは、その団体の事務局を担当している人物が誰かを調べれば分かると、『調書』は指摘する。

《共同戦線運動に活躍する人物を仔細に観察すれば、共産党のため隠れた工作を行っているフラクション・エージェントを識別することは、比較的容易である。つまりその種の工作員の名は、党が興味を持つ数個の団体に関連して発見されるのを常とするためである。

一例を挙げれば、ニュー・リパブリック誌の記者William P. Mangoldの件。同人は数年間アメリカ平和民主主義連盟の会計主任であったが、本年初め「スペイン民主主義擁護北米委員会（North American Committee to Aid Spanish Democracy）」の代表としてワシントンに現れ、当時のスペイン共産党政府に送る激励メッセージに、下院議員六十名の署名を得ることに成功した。同人はさらに、共産党の指導下にあってボイコット運動を主目的とするLeague of Women Shoppersの代表として、ボーデン牛乳会社の株主総会に出席し、工作したりした》

この「アメリカ平和民主主義連盟（American League for Peace and Democracy、ＡＬＰＤ）」は、一九三七年のシナ事変以降、日本の中国「侵略」を批判する反日宣伝活動を繰り広げた中心団体である。

この団体については、『米国共産党調書』作成を主導した若杉要総領事が一九三八年（昭和十三年）七月二十日に宇垣一成外務大臣宛に送った、前述の「当地方ニ於ケル支那側宣伝ニ関スル件」と題する機密報告書の中で、次のように指摘している。

《アメリカン・リーグ・フォー・ピース・アンド・デモクラシー（アメリカ平和民主主義連盟）本団体はその幹部中に多数有力である共産党員を包含し共産党の指導方針に従い行動しているといっても過言ではない。

全米二十四州一〇九都市に支部を設置し又二十二都市に同連盟の庇護の下にChina Aid Councilを設置した。同Councilは「リーグ」会員、親支的団体及び公衆より資金を募集し又は反日「ボイコット」の「ピケット」及び日本の侵略反対「デモンストレーション」を組織する他、対日武器輸出禁止法に関し議会方面に請願書を配布した。

「チャイナ・エード・カウンシル」の指揮者はPhillip J. Jaffeである。（同人は内実は共産党員にして昨年支那に渡り共産軍本部を訪問した）そうして「チャイナ・エード・カウンシル」及び「リーグ・フォー・ピース・アンド・デモクラシー」を通し活動することにより、共産党員は容易に各階級に接触し、その勢力を糾合しつつある。尚、本連盟は約二千の団体の支持を受けていて、これら団体所属の会員数は三百万を超過する趣である》（外務省『支那事変関係一件／輿論並新聞論調／支那側宣伝関係第一巻』）

ただし、フラクション部が数年間工作したにもかかわらず、例えばAFL（アメリカ労働総同盟）加盟組合の大半およびカトリック系団体等に対する工作は成功していないと『調書』は述べている。

## 身分証類を偽造せよ

『調書』では、米国共産党は内部穿孔工作を仕掛けるに際して、次のような「工作綱領」を策定していたことを指摘している。

《一、工作綱領
（1）他の団体に、普通会員として潜入している一名のフラクション・エージェントといえども、党フラクションを構成し、内部穿孔の戦術により工作するものとする。
（2）小団体といえども活動目標が特定すれば、共同戦線運動において効果的活動ができる可能性があるため、いかに小さな団体であっても、これを軽んじるべきではない。
　そしてフラクション部の幹部および一般部員は、すべての団体に対し関心を持つものであり、大小一切の団体の支配権確立に絶えず忠実に努力するものである》

　そして、こうした内部穿孔工作が可能であったのは、ソ連・コミンテルンが創設以来、共産党員に対して工作員として活動できるよう、スパイ教育を施していたからである。
　クレアたちは、国際共産主義運動の歴史を徹底的に調べた結果、ソ連・コミンテルンが秘密工作を重視していたことを次のように指摘している。

《コミンテルン代表は、しばしば偽造パスポートで旅行し、非合法に入国し、莫大な現金や宝石を運び込んで各国の党指導部や党組織にひそかに分配した。コミンテルンは、地下連絡網や秘密の郵便連絡網を張り巡らせ、暗号電報や無線による外国共産党との通信システムを構築した。毎年毎年、コミンテルンは傘下の党に、秘密細胞を形成せよ、幹部党員に非合法活動の訓練を施せ、敵対政府の弾圧に備えて党要人を護るために隠れ家体制を整えて身分証類を偽造せよといった指示や要請を出した。つまり、共産党員はスパイにとって必要とされるような種類の活動に関して初心者ではなかった》（『アメリカ共産党とコミンテルン』）

暴力革命を目指している共産党であるがゆえに、いざという時に政府を転覆できる工作員として活動できるよう、党員に対してスパイ教育を施していたわけだ。

コミンテルンの指導を受けた米国共産党は、やはり普通の政党ではなかったのだ。

## 「嫌がらせ工作」と「アマルガム戦術」

この内部穿孔工作は、その団体の幹部を仲間にする工作だけでなく、「共産党に敵対する人たちを排撃することで議論の主導権を確保する」というやり方をとることがある。その実例を『調書』はこう説明する。

《（イ）　共産党の支配下にある労働組合内において、共産党員は専制的に行動する。彼らは不断に各種会合を開催し、諸種の決定を行うが、その際党員並びに味方にはあらかじめ通報し、出席を確実にさせるが、反対派の代表にはこれを行わない。また口伝えで反対派に対する各種の誹謗を行い、その信用を傷つけることに努める。

また一般労働者各個に対しても圧迫を加え、党の主張に盲従させることに努める。例えば組合内に職場斡旋《あっせん》所がある場合、反共組合には職場の世話を行わない。

また豊富な資金を擁し、かつ一般会員に対して党の宣伝パンフレット、リーフレット等を供給し、絶えず宣伝工作する》

ある団体に入り込んだら、頻繁に各種会合を開催し、共産党に友好的な党員には会合に出席するよう働きかける一方で、共産党に友好的ではない人たちには会合の案内を積極的に行わず、できるだけ排除する。また、非友好的な人たちを誹謗し、その人たちへの不信感を煽っていく。労働組合などの場合、非友好的な人たちには職場の世話をせず、職場の世話をしてもらいたいならば、共産党の主張に同調するように圧力を加えていく。こうした嫌がらせ工作を推奨しているわけだ。
「アマルガム戦術」というものもある。

《(ロ)　組合内の問題に関して、大きな紛議、例えば役員の会計処理ぶりに対する質疑等の問題が起こった時、共産党員は「支部の自由復活」、「日本シルク不買」、「集団保障」、「平和および自由の擁護」等に関する漠然とした決議案を突如として提案する。そして組合員のある者が組合自体の問題に関し討議を試みると、“Japanese Spy”“Hitler Agent”“Trotgkyite Mad Dog”などの誹謗によりこれを沈黙させる。

これは〝アマルガム（amalgam）〟戦術と言われる。つまり組合自体に関する不利な問題討議の際、これに他の一般的討議を付着させ、これにより本案の審議を妨害するものである。

他の同様の戦術は“No accident trick”と言われるものである。例えば共産党系以外の組合員が、職場の斡旋をされないことについて、会合の席上不満を述べるような場合、共産党員である組合幹部は、この組合員に対し「日本が支那において空爆を行っているこの際」に幹部を攻撃するのは「誠に理あり」“No accident”と絶叫する。これに応じて出席者多数が一斉に「日本のスパイ」という誹謗を発し、こうして発言者は沈黙するのやむなきに至る》

ある団体の会合で共産党にとって不利な話題が出されたら、「中国の自由回復」や「対日経済制裁」の話を持ち出し、平和に関する決議をしようと提案する。それでもその人が共産党にとって不利な話題にこだわるならば、「あなたは日本のスパイか」「ヒトラーの代理人ではないのか」と非難し、沈黙に追い込むというのだ。

また、「労働組合の会合などで、共産党に非友好的な人が共産党に文句を言ってきた場合、「日本が中国に侵略戦争をしているこの時期に、労働組合の幹部を批判するなんて、あなたはおかしい」と非難し、同席した党員たちも一斉に「お前は、日本のスパイだ」と叫び、その人を沈黙させる。

このように本来の話題と無関係なナチス・ドイツや日本の「侵略」を持ち出して、共産党に不利な発言をした人を追い込む戦術を「アマルガム（混合）戦術」と呼ぶのだという。

そのほか、ある団体で重大な組合問題を採択したい時に、それとは関係のないテーマの大会を開き、その団体と無関係の人たちをその会合に参加させ、唐突にその組合問題を提案し、団体と無関係の党員やシンパたちに賛同の声をあげさせ、一気に採択するという戦術をとることもあるという。

しかも、その団体の幹部を選ぶ選挙などに際しては、反対派を抑圧するために暴力をふるうことや、最終的に粛清、つまり暗殺を断行することもあるという。

《（ハ）　さらに他の戦術は、組合の内部関係以外の問題、例えば「平和およびデモクラシー擁護」のような問題討議のために大会を召集する。そしてこのような会合には、組合に加入していない党員およびシンパサイザー等が多数出席するのを常とする。その席上、突如として重大な組合問題を提案し、組合員ではない出席者の声援の下に、審議を尽くさずに提案は採択されることになる。
（ニ）　また組合幹部の選挙の際、共産党員は必要に応じて反対派を抑圧するためテロリズムを発揮する。
（ホ）　この上、各種の手段方法によってもなお反対派を抑制できない時は、スターリンばりの粛清工作を行う》

内部穿孔工作の手口を要約すると次のような手順になる。

第一段階では、「平和とデモクラシーを守ろう」という統一戦線に加盟しそうな団体に、内部工作スパイ（fraction agency）を送り込む。

その内部工作スパイは、米国共産党員であることは隠し、党から支給された資金を使って団体の発展だけでなく、その団体の会員の個人的な問題にも親身になって相談に乗り、多くの会員を友人にしていく。

第二段階では、鍛えられた弁舌と議事進行能力によって団体の運営を円滑に進め、会員の信頼を勝ち取り、その団体内部において不可欠な人物だと認知されるようにする。そうなると、会員の中にも、その内部工作スパイの意見を尊重し、その主張を支持する会員が増えていく。

第三段階では、内部工作スパイが団体内で信頼を勝ち得た段階で、初めて米国共産党は、そのスパイに対して、特定の決議案の採択や団体規則の改正などを実行するよう指示する。

実はそういった団体の大半が、熱心な会員はごく少数で、大部分の会員は会合に出席しないような状況だという。仮に出席者数の多い会合だとしても、そのスパイが故意に会議を遅らせたりすれば、途中退席する会員が多くなる。そして残ったメンバーの多数をそのスパイとシンパの会員たちが占めているような状態になれば、米国共産党は容易にその団体の方針を左右することができるようになるわけだ。

第四段階では、団体内部でスパイたちの支配力をある程度確立すれば、共産党の意見に反対しそうな勢力を一気に排除し、その団体を乗っ取ってしまう。

こうした工作方法を知らない限り、共産党の「内部穿孔工作」に対抗することはできない。

## 内部穿孔工作の先兵「ブランチ（細胞）」

労働組合や平和団体の内部に入り込み、その団体を内部から支配する「内部穿孔工作」を担当する少数グループは「ブランチ（細胞）」と呼ばれている。

このブランチ（細胞）について、『調書』では次のように解説されている（第三章第四節第一項）。

《第一項　ブランチ

共産党組織における「細胞」とも称すべき最下級団体は、党規約第七条第一項および同細則において規定されている通り、三種のブランチである。なおブランチは、米国共産党本部同様、公然とした団体であって、後述するようにある種団体内に潜在している少数共産党員のグループである、いわゆるフラクションのような秘密のものではない。

そして全米におけるこの三種のブランチ数は約三千であり、共産党員の原則としていずれかのブランチに分属することを要求される。ゆえに、ブランチは直接党員指導要請の機関として最も重要であるのみならず、さらに共産党が一般大衆に直接人的に接触工作する機関として重要である》

三種類の「ブランチ」とは次のようなものである。

《(1)ブランチの種類

○ショップ・ブランチ――単一の工場、商店、鉱山、船舶、ドック（船の建造・修理施設）、事務所等内における党員をもって組織する。ただし七名を下ることはない。本ブランチはその存在している団体の内部穿孔工作（boring from within）の中心となる。

○インダストリアル・ブランチ――同一地域内における同一種類の産業部門に属する工場であり、ショップ・ブランチを持たず、かつ同一地域内にある工場内に働いている共産党員をもって組織される。ただし単一工場内に組織されているショップ・ブランチが原則であり、本ブランチは単一工場内における党員数七名以下、その他特殊の事情からくる過渡的組織である。本ブランチもまた当該団体の内部侵蝕を主要目的とする。

○ネイバーフッド（またはストリート）・ブランチ――一定地域内に居住する党員で組織される。そしてこの党員は、主としてホワイトカラー、家婦、失業者等であるが、前記ショップ・ブランチまたはインダストリアル・ブランチがない地域においては、工場労働者をも包含することがある。また単位地域の大きさは、人口および党員の多少に応じ、市、町、区、街等の一または数個を包含するものとする》

このブランチの日常的な活動は次のようなものだ。

《（2）ブランチの機能

ブランチは共産党組織の細胞であり、党員に対する直接指導教育のみならず新会員の募集、共産党に対する同情者の獲得等の見地より、一般大衆に直接工作する機能を持つ。

ゆえにブランチに関する共産党の方針は、まず所属党員に対し、共産党の主義綱領を教育し、かつ地方的問題に関して啓発援助する。そのため隔週ごとに（だいたい火曜日夜）ブランチミーティングを行い、所属党員は必ず出席する義務がある。会費徴収、寄付金募集、出版物押し売り等の他、党員教育のための討論を行い、ブランチ執行委員会会長が指導の任に当たる。

次にブランチの機能は、一般大衆に直接接触して具体的問題に関して党の主義方針を提示し、これに賛成協力させる。このためブランチは、ブランチミーティングの次週の毎火曜日夜に、定例の公開ブランチミーティングを開催し、またはさらに広範囲の民衆大会を臨時開催する。所属党員は出席を要求されるが、義務的ではない》

日本で政党の党員になったことがある人は分かると思うが、例えば自民党の党員になった場合、党費は一年に一回払うだけで、党本部からも年に一回、自民党の機関紙が送られてくるぐらいだ。もちろん、各地域には、党の支部があり、支部長（多くの場合、国会議員や地方議員が務めている）が存在するが、党の地方支部から日常的に党の会合に参加するよう求められることもない。

そもそも自民党の党員になったところで、自民党の綱領や政策について学ぶことを求められることもないし、いわんや他の団体に入り込んで党員拡大を求められることもない。要は、党員になってもそれほど政党活動を求められることはないのだ。

ところが共産党の場合、党員になれば毎月党費を払うだけでなく、毎週のように十名以内のブランチの会合に出席し、党の綱領や政策について学んだり、党員拡大を求められる。さらに各種団体や労働組合に入り込み、その団体を内部から操る工作に従事することも求められるのだ。

こうした日常活動を日本で展開しているのは、日本共産党と公明党ぐらいではないかと思われる。こうした末端支部がその地域で、地道で日常的な活動を展開する政党のことを、「組織政党」と呼ぶ。そしてこの「組織政党」こそが選挙において大きな力を発揮することになるのである。

## 会報や地方新聞の作成と頒布を重視

しかも米国共産党のブランチはこうした日常的な活動を展開していくため、会報やリーフレットを発行し、党のパンフレット、新聞、書籍を頒布することも義務付けられている。

《ブランチはさらに会報（ブランチ・ビュレティン・Branch Bulletin）、リーフレットを発行し、あるいは党の上級団体で出版するパンフレット、新聞、書籍の頒布に努めるものとする。なお本年春の全国委員会会議において工場、商社、学校等内における少数共産党員グループによる秘密不完全なるショップ・ペーパーを廃止し、その代わりブランチに有力なる地方的新聞（neighborhood or community papers）を出版させることを決定して以来、ブランチの会報の重要性が大きくなり、上級地方支部は党本部の命令により、この発達を援助することを要請されている》

わずか十名程度のブランチで「会報」を発行できないところは、その上級の地方支部が「地方新聞」を発行し、その「地方新聞」をブランチは配布することが決められている。

こうやってブランチによる「会報」や地方支部による「地方新聞」を発行させることで、

ブランチ及び地方支部の広報宣伝力を強化しようというのが、米国共産党本部の方針なのだ。

この「会報」の発行は実は本当に大変で、日本の場合、その必要性を理解しながらも、会報を年に一回以上発行している地方議員は決して多くない。

さすがに国会議員の場合は、年に一回以上、「後援会報」のような形で発行している場合が多いが、その内容は議員の活動報告が主であり、その内容を党本部がチェックしているとも思えない。

要は、共産党は末端の党員の活動まで徹底的に把握し、監視する組織政党であり、だからこそ少数であっても大きな影響力を発揮できるのである。

# 第六章

# スパイとテロリストの養成

## スパイを養成する労働者学校

米国共産党においては、内部穿孔工作を担当する「フラクション部」、新聞・雑誌の発行やマスコミ工作を担当する「啓発宣伝部」、そして党員の養成などを担当する「教育部」の三つが、「三大主要部」として重視されていた。

この「教育部（Educational Department）」とはいかなるところなのか。『調書』はこう解説する。

《その活動範囲は極めて広範にわたるものであり、共産党本部内教育部関係職員はワーカーズ・スクールの従業員をも併せて約三十名の常雇員および多数の臨時雇員を擁している。共産主義の理論および工作に関し、一般党員の指導教育および一般文化および教育施設を通して共産主義または共産党の内政外政上の方策、綱領の宣伝を主要任務とする》

『調書』には、この教育部が任務遂行のために次のような工作を行っていると書かれている。

（1）労働者学校および労働者学級の経営
（2）外国語部局およびクラブの運営

（3）労働者書店の経営
（4）大学・専門学校内における共産化運動
（5）中等学校および実業学校内における共産主義者青年連盟（ヤング・コミュニスト・リーグ）の工作援助

つまり労働者学校（ワーカーズ・スクール）の経営、英語以外の言葉を話す外国人対策、書店の経営、既存の大学や専門学校に対する浸透工作、そして中学校や実業学校における青少年の共産主義者の育成などを担当しているということだが、一言で言えば、工作員、スパイを養成することが目的だ。

労働者学校について、『調書』では次のように紹介されている。労働者学校は、共産党の地方支部が運営しており、共産党員が教師を務め、その学生数は約二万名に達していたという。

《一、労働者学校

労働者学校の中、あるものは共産党により、またあるものはインターナショナル・ワーカーズ・オーダー（IAO）により経営されているが、この両者とも、共産党の指揮監督の下にあり、多くの場合、同一教師が両者に教鞭をとることを普通とする。

最近一カ年の間において、全国の労働者学校に学籍を置いた学生数は約二万名に達したが、過半数は党員もしくは共産主義者青年連盟（ヤング・コミュニスト・リーグ）員である。

労働者学校が未だ設立していない小都市においては、その管内の教育委員会より指定される教師により、労働者学級を組織する。これらの学級は大部分無料もしくは名目のみの授業料を徴収している》

恐ろしいのは教えていた内容だ。『調書』はこう記す。

《労働者学校および労働者学級における教授は単に共産主義または人民戦線の理論の他、労働に対しサボタージュ工作、座り込みストライキ、スパイ方法等の教育をも行う》

共産主義の理論や統一戦線という戦略論だけでなく、労働に対するサボタージュ工作、つまり資本家などに対するテロ・破壊活動や、ストライキの方法、そして内部穿孔工作を仕掛けるスパイとしての知識、行動まで教えていたというのだ。

この労働者学校は全米各地に存在したが、数からすると、ニューヨークやマサチューセッツ、シカゴなどに集中していた。

## 共産党に乗っ取られた教育者団体

この労働者学校と連動して、高校、大学、専門学校に対する工作も、統一戦線路線の拡大とともに進展を遂げた。

《一般中等学校、大学、専門学校内における共産党の工作は過去二カ年間において驚くべきほど急激な進展を遂げたが、全国にわたるこれら諸校内の学生および教師等であり、共産主義者または極左分子と見なされる者、約一万五千名。そのうち約五千名は十八歳前後のＹＣＬ（ヤング・コミュニスト・リーグ、The Young Communist League）員である。（中略）そして学内工作の方法は、他の外郭団体に対するのと同様、フラクション工作であり、これら学校内にＹＣＬおよび党の細胞または支部を設置するものである》

一九三九年の時点で、全米に存在する共産党系の教師は約一万名、大学生は約五千名ぐらいだったという。その教師たちが教育界で活動をしていたのだが、数年前までは、共産党系の教師または学生は、学校現場から追放されることが多かった。

しかし、統一戦線路線のもとでルーズヴェルト政権を支持するとともに、ナチス・ドイツに反対してデモクラシー擁護を掲げた結果、共産党に対する警戒感は減り、共産党員だからといって学校現場から追放されることは少なくなってきた。

《米国教育界に対する共産主義の影響は、一部に考えられているように少数の急進的教授に限らず労働組合運動にも対比する強い組織的発展を遂げ、今日その勢力は米国の各級学校を革命教育の道場として使用している。マルクス主義教授および学生の追放すら阻止できる有様である》

党員であっても学校で堂々と活動ができるようになった背景には、既存の教育者団体を内部から支配することに成功したことも一因であった。『調書』はこう分析する。

《共産党主義者等は以前よりマルクス主義教授および教師が単独では、いわゆる「荒野に叫ぶ声」に過ぎず、結局大学専門学校等より追放されるに過ぎない事実を知り、この当然の対策として労働組合の「細胞組織」の方法に則《のっと》り教育者の組織化に着手した。当時既に教授および教師の有力団体は二、三あったが、共産党は党員である多数教育者にこの諸団体を内部的に支配させることに成功した。またこの場合正規の党員の他、さらに多数のシンパがこれを助けたのはもちろんである。

共産主義者の内部穿孔のために選んだ既有の教育者団体は次の三つである。

（1）The American Federation of Teachers（米国教員連盟）
（2）The Teachers Union（教員労働組合）
（3）The American Professors Association（米国大学教授協会）

このうち共産党の内部的支配が最も成功したのは The Teachers Union および The American Federation of Teachers の二つである。これはおそらくこれら二団体が単に大学教授のみならず、より多数のハイスクール教師を包含していることによるものである》

ちなみにアメリカ教員連盟（ＡＦＴ）はいまも米国で活動している教職員団体だが、日本の日教組と連携しており、その政策はリベラル派に偏っていると、保守派からは厳しく批判されている。

この教職員団体乗っ取り工作に同調した「急進的な教育者」の一覧が『調書』には載って

いるが、その中には、日本の日教組が高く評価した児童中心主義教育、新教育運動を推進したジョン・デューイの名前も見ることができる。

米国の教育界は戦前、特にルーズヴェルト民主党政権時代に、米国共産党とその同調者たちに入り込まれ、左傾化した。そして米国共産党に同調した「急進的な教育者」は戦後、日本の教育を「民主化」するために来日し、教育基本法の制定、教育勅語の廃止を含む一連の「改革」を強制したわけだ。

ある意味、戦後日本の教育改革は、戦前のルーズヴェルト民主党政権時代に用意されていたのだ。言い換えれば、米国共産党によって「内部穿孔工作」を受け、変質してしまったルーズヴェルト政権下の米国が、戦後の日本を「改革」したのである。

## 左翼学生運動の母体「全学連」

既存の教育者団体に対する内部穿孔工作の成功によって支援が広がり、共産党系の教師集団が学校現場で堂々と活動するようになっていく。

その結果、高校などで共産党系の教師に習った学生たちが大学に入学し、左翼学生運動を組織するようになっていった。『調書』は左翼学生運動が台頭する様子を次のように描いている。

《教育界において赤化工作が、一度教師側において完全に組織化されると、学生の心を毒することが容易であることは当然である。このようにして数年を経ると、大学専門学校等に入学する頃には既に共産主義教育の洗礼を受けた者は少なくなく、大学における左翼学生組織化の機運が熟するに至った。

当時社会主義に発足した学生団体としてThe Student League for Industrial Democracy（産業民主化のための学生連盟）があるが、相当左翼的であった同団体は、共産主義運動の最初の足場として利用されることになった。結局、共産党のフラクション工作の進捗に伴い、同団体に対する支配権は社会主義者の手を離れ、共産主義者の手に帰した。

他方、共産党はほとんど共産主義者だけで構成される（大多数は既にThe Young Communist League のメンバーだった）National Student League（全国学生連盟、全学連）を組織した。

その後、一九三五年十二月二十八日より二十九日にわたりオハイオ州コロンバスにおいて開催された前記両学生団体の合同大会において、両者の合併が議決され、新団体の幹部は旧団体の最も急進的な分子だけで構成されることとなった。この新学生団体はThe American Student Union（米国学生ユニオン）である。これは完全な共産主義団体であり、しかも米国

における もっとも有力な学生団体である。毎年四月二十二日にはその大会が開催され、単にその強い団結力を誇示するためストライキおよびデモンストレーションの決議をなし、またはファシズム反撃およびより大きな教育の自由の要求を決議することが常である。
その他、彼らは年中、共産主義のための活動を続け、度々ピケット（ストライキを阻止しようとする動きを監視する行動部隊）および共産党の大衆示威運動等に参加することがある》

さらに『調書』は戦前、アジア研究が盛んであったコロンビア大学が、最も共産党の支配を強く受けており、その影響で米国の東部の大学も確実に左傾化していったと指摘している。

《なお大学の中で共産党の支配を受けている最大のものはコロンビア大学である。同大学は従来モルガン大学と言われていたが、最近においてはむしろ左翼の勢力が強くなった。

その一つの理由または原因と思われるのは、モスクワ大学との間に教授交換制があることである。そして大学付設の教員養成所の卒業生は、米国東部地方の中以上の都市における各種学校で教鞭を執っていて、これら教師が同大学にて習得した左翼思想の伝播力は驚くべきものであると言われている》

米国ではベトナム戦争当時、反戦運動が吹き荒れ、以後、米国の大学は左翼に席捲されるようになってしまった。このため、保守系の教授たちが左翼の学者や学生たちから追放されることもしばしば起こり、いまや日本以上に、左翼による「学問の自由」の侵害はひどいことになってしまっている。その一因は、戦前の米国共産党による内部穿孔工作であったと言えよう。

## ユダヤを筆頭に十四の外国語部局

なお、「教育部」の中には、「外国語ビューロー（部局）または委員会」があり、外国人対策を行っている。その理由を『調書』はこう述べている。

《米国における外国生まれの米国人、つまり第一世移民の数は千四百万余、ニューヨーク州だけでも三百万を超える多数に上っている。従ってその中には多数の無産左翼分子がいると共に、一般的に論ずれば就職の斡旋および権利擁護等の点において縁故関係に乏しいものなので、共産党の工作対象として最適の分子であることは明らかである。

事実、米国共産党成立以前において、これら外国生まれは社会党内における左翼分子として活躍し、党の成立に貢献し現在の党幹部の中にも外国生まれ系が多数いる。

特にヒトラーの台頭以来、ドイツ、オーストリア、イタリア、チェコなどから避難して来たユダヤ人は、反ファシズム運動の見地から共産党を支持する条件を具備するものである。そして米国共産党が外国生まれに対し特に関心を持ち、特別工作を行うのは当然のことである。

そして外国語ビューローは現在語学別により十四種に分かれている。その主な工作は外国語で出版される定期刊行物に対し、供給される資料の翻訳、宣伝パンフレットの翻訳等、啓発宣伝部関係事務に関する進言および援助、外国生まれの党員または労働者に対し、英語並びに党の主義方針を教育宣伝する外国語クラスまたはクラブ経営並びに外国生まれに対する組織部およびフラクション部の活動に関し助言援助する等、英語が理解できないこれらの外国生まれに対する共産党各部の工作を補助するものである》

この十四の外国語部局は、ユダヤ、ドイツ、ギリシャ、スペイン、ハンガリー、ロシア、イタリア、ウクライナ、クロアチア、リトアニア、ポーランド、フィンランド、中国、スカンジナビアである。

外国語はその国に対する工作を仕掛ける上で最も重要だ。米国共産党は、在米のこの十四の外国人グループに工作を仕掛けることで、それぞれの国に対する工作員を養成しようとしたわけだ。

## 武装テロリストの養成

米国共産党が力を入れていたのは、スパイ、工作員の養成だけではない。テロや破壊工作を担当する「武装テロリスト」の養成にも力を入れていた。

『調書』は、米国共産党本部には非合法の部門として、「エフォート部（Effort Department またはGroup、略称ＥＧ）」が存在していることを指摘している。

《本部門は党内の秘密結社であり、ある意味において米国共産党が所有する軍隊であると言える。部員は教練もしくは制服着用等はしないが、よく訓練された戦闘団体である。つまり党内他部門においてみられるような普通の書記局もしくは委員会等の形式とは異なり、後述するような軍隊的機構を持っている》

共産党には、秘密の戦闘部隊があり、その担当部局が「エフォート部（ＥＧ）」というわけだ。その目的は何か。

《主な任務は党の他の部局の合法的活動の補足強化のためピケットの施行、ボイコット強要等よりさらに進んで、ソ連防衛または革命促進等のため国内攪乱の必要が起こった場合における非常手段として、米国重要産業組織の主要通信運輸機関のサボタージュまたは破壊工作等の研究、準備および実施にある》

平時は、デモやボイコット活動に従事し、ソ連防衛や米国内での共産革命の際は、米国の重要施設の破壊などを実施する部門というわけだ。そして、そうした破壊工作を実施する際は米国共産党幹部の指揮のもと、ソ連本国の工作員からの援助・指導を受けるという。

《この実施ならびに工作の責任者は極度に秘密主義となっているが、最高指導権を持つエフォート部は政治委員会による根本方針の決定に従うのはもちろん、関係各部と内密の連絡をとり、その協力を得ると共に、ソ連の通商機関であり同時に工業諜報機関として知られるアムトルグ会社の優秀な技術院およびサボタージュ等の工作員の内面的援助指導を受ける》

このエフォート部は、「啓発宣伝部」や「フラクション部」と連動して作戦を実施する。その役割分担を『調書』はこう説明している。

《ファシズム排撃問題を一例にとって解説すれば、啓発宣伝部が新聞、演劇、ラジオなどにより、またフラクション部が関係外郭団体を内部的に操縦し、決議の通過等により日独伊攻撃運動を実施するのに対し、ＥＧは大使館または領事館前のピケット組織、日独伊商品を販売する商店に対するピケット、船舶に対する貨物の積卸反対運動等を組織施行することにある》

つまり、ドイツや日本など「ファシズム」を攻撃する場合、次のような役割分担になる。

①「啓発宣伝部」は、影響下にある新聞、演劇、ラジオなどを使って、ドイツや日本に対する批判を繰り返す。

②「フラクション部」は、影響下にある労働組合や平和団体、宗教団体がドイツや日本を批判する決議を採択するよう促す。

③「エフォート部」は、ドイツや日本の大使館や領事館にデモを仕掛ける。ドイツや日本の商品を売る商店にデモを仕掛け、嫌がらせをする。ドイツや日本の商品を輸入する船舶の荷物積卸を妨害する。

## 国内攪乱工作を計画・準備せよ

この「エフォート部」の活動について、『調書』は「国内攪乱工作の主要目標、方法および具体的先例」（第三章第十節第九項第三）としてさらに詳しく記しているので、紹介しよう。

《一、攪乱工作大目標および方法

いったん有事の際、前述の通り米国共産党が攪乱工作上の主な目標とする所は、運輸機関、通信機関および鉄工場であるが、運輸機関の攪乱は陸上においては主としてTransport Workers Union（港湾労働者組合）、また海上輸送に関してはNational Maritime Workers Union（全国海事労働組合）を、いずれも内部的に支配することにより、この実施準備を行うものであり、ニューヨーク近傍の陸上においては既にこの用意ができていると言われている》

戦争になった場合や武装蜂起を行う場合、米国共産党は、国内攪乱工作を仕掛けるのだが、その主要ターゲットは「運輸」「通信」と「鉄工場」だ。輸送と通信を混乱させ、鉄工場を破壊すれば、武器の再生産が困難になるからだ。そして、その目的のために、通信、運輸、鉄工場に関する労働組合を支配しようとしてきたわけだ。『調書』はこう指摘する。

《全国通信機関の撹乱工作はPostal Telegraph Co.（郵便電信会社）従業員をも含む通信従業員組合を内部的に支配することにより、主としてこれを実施しようとするものであるが、さらに目下ウェスタン・ユニオンにまで進出している。かつその支配する組合に通じて船舶内のラジオ技師等をも左右するに努めている。なおこの工作が実施される場合には、数週間にわたり一斉に通信事務を混乱に陥れることができる。

また鉄工業に関しては鉄鋼労働者組織委員会（ＣＩＯ）により鉄工業ストライキを施行し、この運行を停止させるものであるが、万一これに失敗する場合に、サボタージュによりその目的を達成しようとするものであると言われる。

この特別工作のための具体的方法として長期間露見することなく企てできたのは、組織的に配置された特殊のエージェント制度であり、彼らは党員相互間にすらもその存在を知られることなく、数年間その職務に忠実に従事してきた》

この撹乱工作を実施するために労働組合内部に二種類の「エージェント」を送り込んでいるという。

《(1) 工場内におけるエージェント
鉄工業サボタージュ煽動エージェントの過半数は、米国東部工業地域、つまりニューヨーク、ペンシルヴァニアおよびオハイオの三州を含む三角地帯の中に存在すると言われる。また西沿岸地方にも多数あって隣接州に拡大している。イリノイ、コネチカットおよびマサチューセッツの三州にも多数のエージェントが存在する。
工場内におけるエージェントにPermanent Undercover Agent(秘密工作員)および主要フラクション(leading fraction)の種類があるが、皆労働者学校において周到な訓育を受けた隠れたエージェントであり、当該地方におけるEG指導官の命令の下に行動する》

「秘密工作員」はいざという時に攪乱工作、つまり破壊工作を担当するテロリストであり、文字通り日常的にも共産党との関係を隠し、組合活動からも遠ざかる場合がある、秘密党員ということだ。

《(a) 秘密工作員は共産党の攪乱工作をさらに強固にさせるために各重要工場内に少なくとも一名を充て配置されているものであり、共産党との関係については当該地方支部EG指揮官以外、何人もこれを知るものはいない。また組合員が少数の工場においては、他の注意を避けるため故意に組合活動との関係から遠ざかる場合すらある。ただし彼は当該地方における党支部EG指揮官に対し、定期的報告を行う義務がある》

もう一方の工作員は、内部穿孔工作を担当する「主要フラクション（leading fraction）」で、スパイ工作や労働組合内部でストライキなどを煽る役割を担う。

《(b)　主要フラクション（leading fraction）はスパイおよびサボタージュ煽動等の仕事を行うものであり、当該地方におけるEG指導官からの訓令を厳格に守って活動するものである。その特殊な環境に応じ、自ら隠れた工作員となり、組合の組織援助もしくは労働者学校入学勧誘等を行う》

この破壊工作の方法については、「教育部」が担当する労働者学校で学ぶことになっていた。『調書』には、連邦議会調査委員会の報告によるサボタージュに関する労働者学校の教授科目の一部が掲げられている。

1　ペンキ内に異質を混ぜて、その剝奪および腐蝕を生ぜさせる方法
2　発電機内に蓄音機の針を落とす効果
3　油に鋼鉄の粉末を混ぜて軸承《じくうけ》を毀損する方法
4　注油を懈怠《けたい》することにより軸承を焼磨させる方法
5　蒸気管を焼磨させる最上の方法
6　連輪機の操縦を不可能にさせる方法

実際にこうした方法を学んだ「秘密工作員」が労働組合に送り込まれ、鉄道ストライキ、大規模デモ、大規模停電、船舶の運航妨害などを実施している。

その実例が『調書』にも記されており、《諸大都市の重要道路に、交通遮断の柵を設け電話および通信、ラジオ放送局を乗っ取り、さらに鉄道、公共建築物、官庁、郵便局および内国税務所等を占領し、大統領をはじめその他の閣僚を捕縛》する計画だったのだ。

## 破壊工作を担当する二万人の秘密工作員

秘密工作員、つまり武装テロリストにはどのような人間がなるのか。また、秘密工作員はどれくらいいたのか。この点についても『調書』は詳しく調査している。

《(1) 部員の資格

EG（エフォート部）部員である資格は党員もしくはYCL（ヤング・コミュニスト・リーグ、共産主義者青年連盟）員である制限があるが、党員もしくはYCL員全部がEG部員として強制されるのではなく、各自の希望によるものである。そのため、これを志願しないものは絶対にEG部員に強制されることはない。

EG部員としての条件は常に命令に応じてピケットを施行し、ストライキに参加しその他殴打をも入獄をも敢えて辞さない意思力が強い者であり、同時にまた口を減らしてただ黙々と命令に応ずる者でなくてはならない。

(2) 部員および他部門の関係

EGの幹部および一般部員の過半数は青年男女であり、彼らは同時に党内の他の部門関係事業にも活動しているものは多い。

(3) 部員数

EG部員は約一万名であり、そのうち党員六千名、YCL員四千名であると言われる。そしてEG部員は関係においては、この党員およびYCLの区別なく同一団体として行動している。

この一万名の部員のうち、約二千名はニューヨークにいる。その他比較的多数の部員が活動している都市はデトロイト、ピッツバーグ、サンフランシスコおよびシカゴの諸市である。婦人は全国を通し、約二千名おり、男子に比べて闘争意識旺盛であると言われる。なおEG部員はEG部内における功績に応じ党内他部内において抜擢される可能性があると言われる》

秘密工作員が一万名というと、かなりの数だ。しかもそのうち二千名がニューヨークにいたとなると、いざとなれば、ニューヨークは大混乱に陥った可能性があったわけだ。共産党はこうした「裏の顔」を持っている。警察、情報機関の監視対象になるのも当然と言えよう。

# 第七章

# ユダヤ工作と活動資金

## モスクワの訓令で動く組織

『米国共産党調書』では、米国共産党の組織の特異性について、「米国共産党の組織大要」（第二章五）で指摘している。

特異性の第一は、党の方針はモスクワの訓令によって決定しており、最高意思決定機関とされる「全国代表会議」及び「全国委員会」はお飾りに過ぎないということだ。

《党規約に従えば、米国共産党の最高権力機関は全国代表会議およびこれが選任する全国委員会（かつては中央執行委員会と称していた）である。

しかし実際上の権力機関はさらに、全国委員会が選任する九名からなる政治委員会、またはさらに政治委員会が選任する憲法に明定されない機関である三名からなる執行委員会である。

そしてこの政治委員会または執行委員会は、在米コミンテルン代表（OGPU《統合国家保安部》代表とも言われる）およびアムトルグ会社関係者と密接な連絡をとり、その指導監督の下にモスクワの訓令に基づいて、事実上の政策綱領を決定し、単に形式を整えるため全国委員会、さらにその上位、全国代表会議の議に付するものである》

特異性の第二は、規約上は米国共産党の執行機関として共産党役員による各種委員会が設けられているが、実際の活動は「フラクション部」「啓発宣伝部」などの、共産党本部事務局員による各部が担当していることだ。

《しかしこの諸委員会は、要するに委員会であり、根本政策およびこの実施要綱の決定、並びにこの執行の監視等は行えるが、現実の執行機関としては不適当である。すなわち全国委員会または政治委員会は、執行機関として教育部、その他の各部、およびこれを補佐する各種諮問委員会を設置するものとする。

そしてこの各部および各種諮問委員会は、全国委員会政治委員会の指揮下に、いわゆる共産党本部の実態を構成するものであり、本調書において主力を注いだのは、この各部の組織および活動に関するものである》

特異性の第三は、地方組織の在り方だ。地方組織、つまり地方支部も委員会によって運営されることになっているが、その実権は《少数の執行委員または党本部の代表者である常務執行職員》に握られていて、地方組織の裁量はほとんどなかったことだ。

《共産党の地方別団体もまた同様に、形式的には委員会制度となっているが、その実権は少数の執行委員または党本部の代表者である常務執行職員により運用される。そして地方的団体はブランチ、セクション、市または郡、州および区（全米にて三十五）等各種団体に分かれ、ブランチを基底として順次にピラミッド型を形成し、最上位である党本部で統括されるものとする》

共産党は一党独裁であり、その権力は一部の党執行部に集中しており、一般党員の声を採用する党内民主主義など認められていない。

しかも党執行部も、ソ連・コミンテルンの指示に絶対服従を求められた。通常の政党とは全く異なる組織形態、組織運営方法を採用していたのだ。

## ニューヨークに置かれた米国共産党本部

米国共産党本部には、コミンテルン、正確に言えばスターリンの指示で決定された方針を実行すべく、《行政的各部およびさらにその補佐機関としての各種諮問委員会》が設置されていた。

この米国共産党の本部が置かれたのはニューヨークであった。『調書』はこう記している。

《米国共産党全国本部は、ニューヨーク市東第十二町目三十五番地を正門とし、東第十三町目五十番地にまたがる旧式九階建てビルディングにある。この建物は、ニューヨーク市における赤色地帯とも言われるユニオン・スクエアより一ブロックさらに下町に当たる。

共産党は約十年前にこの建物を六十五万ドルで買収したと言われるが、外観は垢じみており、ガタガタの建物である。東第十二町目に面する正門を入れば、旧式のエレベーターがあり、外来者は黒人のエレベーター係が指定する階数のみに案内され、そしてフロア間の階段を利用することを許されず、必ずこのエレベーターを使用しなければならない。そのため他の一般の商社の建物のように、監視人の目を盗んで建物内の各階を自由に往行することができない次第である。

また本建物内における共産党員の私用室の入り口にはその氏名を掲示していない。これは、かつて米国検察当局が共産党員狩りをした当時からの伝統によるものであると言われる。

そしていわゆる共産党本部は第九階にあるが、他の八階も全部共産党関係団体または学校、機関紙の発行等に使用されている》

この党本部には「総務部（General Office）」を始めとする多くの部局が存在している。『調書』は、その役割と主な役員についても詳しく記載していて驚かされる。州支部の職員名などもすべて明記されており、徹底して調査をしたことがよく分かる。

これらの名簿などは『米国共産党調書』（育鵬社）に載せているが、恐らく「ヴェノナ文書」を解読するうえで極めて貴重な参考資料になるに違いない。

## 党員の半分は大都市の労働組合員

また、『調書』では、「米国共産党現勢」（第三章第一節）として、一九三九年時点の米国共産党の状況について、詳細な調査結果が記述されている。細かい数字が明記されており、見事な調査能力だ。


《米国共産党員数は新党員の加入、旧党員の脱退等のためだいたいの数を知るに止まる。現に一九三八年末日において登録された党員数は九万と発表されているが、この中には未届のまま脱党し、または会費不納の者多数を含んでおり、現実の党員はこれより遥かに少ないものと思われる。

現に本年（一九三九年）七月発行の『パーティー・ビルダー』においては、現在党員を七万五千とし、米国共産党創立二十周年記念日である本年九月一日に、なお二万五千名の新党員を募集し、党員を十万とする目標の下に全米約三千のブランチに対し、各平均約十名の新党員募集を勧誘している。昨年五月の党全国大会での発表では、党員六万となっていたことと鑑みると、だいたい現在党員は七万五千余というのが妥当である》

党員七万五千人という数は、一九一九年の結党時の一万人に比べれば、大幅に増加したと言えなくもないが、当時の全米の人口が一億二千五百万人であることを考えれば、微々たる勢力だと言えなくもない。

『調書』では、この七万五千人の党員の職業的、地域的、人種的構成分布状態について、次の通り報告されている。

《(一)　地域的分布

後出の共産党各級支部ブランチの部で述べるように、五十万以上の大都市十四カ所において共産党のブランチ数の三割八分余、党員の六割が集中している。さらにこの大都市十四カ所を含み、人口五千以上の都市（総人口六千五百万）においてブランチ総数の約八割が組織されている。米国人口の他半は、農村田舎に分散する人口五千以下の都邑《とゆう》であり、ブランチがあるのは三百に過ぎない。

なお地方的に見れば、党員が最も多いのは、ニューヨーク州、カリフォルニア州、イリノイ州、オハイオ州、ワシントン州、東部ペンシルヴァニア州、ミシガン州、ミネソタ州、西部ペンシルヴァニア州およびボストン市。

また一九三八年に党員の増加率が大きかったのはワシントン州（五十七％）、ミシガン州（四十％）、オハイオ州（三十四％）、カリフォルニア州（三十二％）であるが、これに続き一九三八年における平均増加率二十二％を超えたのはアイオワ州、ネブラスカ州、ケンタッキー州、ミネソタ州、上部ミシガン州、インディアナ州、テネシー州およびアラバマ州である》

このように党員の大半は、五十万以上の大都市に集中していたわけだが、社会的産業的構成をみると、労働組合員が大半であることがわかる。

《(二)　社会的産業的構成

一九三八年末の登録総数九万（ただし脱党者を含む）によれば、重工業および軽工業関係労働者――四十八％（一九三九年には各十三％の増加率を示しているが、繊維工業、石油工業、化学工業部門においては減少している）、残り五十二％は事務員、教師、自由職業家、農夫、家婦、学生の順序の党員である。
　また労働組合の見地から見れば、全党員の半数はＣＩＯ（産業別組合会議）、ＡＦＬ（アメリカ労働総同盟）および独立の労働組合（Railway Brotherhoods；Int'l《＝international》Ladies Garment Workers Union 等）の組合員であるが家婦、農夫、小規模小売商人および特殊の自由職業家等のようにだいたい所属する組合がない党員を控除するときは、労働組合加入の党員率は一層大きくなる》
　党員の半数は労働組合員で、残りは会社の事務職員や教職員などが多かったわけだ。
　男女別、年齢別は次のようで、意外と女性と青年層の党員が多い。
《(三)　男女の別
　一九三八年末の登録によれば、女子の数は全党員の三十三％である。そしてその大部分は工場労働者で他は家婦である》
《(四)　年齢別
　絶対的数字はないが、四十歳以下の党員の増加率は四十歳以上のものに比べて著しく大き

い》

次の人種別構成は興味深い。ユダヤ系が多いが、それはナチス・ドイツによって迫害、または侵略された地域から米国に逃げてきたユダヤ系が、ナチス反対を掲げている米国共産党に共鳴したからだ。

また、米国共産党は人種差別反対を唱えて黒人系を引き込もうとしていたが、実際に生活に苦しんでいる黒人系は党費を納めることができず、いったん入党してもすぐに辞めてしまうケースが多かったようだ。

《(五) 種族別

共産党員にユダヤ系が非常に多いことは定評であるが、正確な統計はない。ニューヨーク州支部においては八割強、全米では五割強がユダヤ系であるとの説がある。またミュンヘン協定以来、本年三月頃までに約一万名以上の党員が増加したといわれるが、これはドイツ、チェコ等より避難して来たユダヤ人が大多数を占めている。また避難ユダヤ人のみならず在来のチェコ人、スロヴァキア人、ポーランド人等も独伊の祖国侵略に刺激され、共産党に加入するものが増加してきている機運に乗じ、党本部においては一九四〇年の選挙期までにこ

れら民族層から多数の党員を得るべく工作している》

## ユダヤ系党員が多かった理由

このユダヤ系と共産主義との関係について、『調書』は特別に「連邦議会および政府諸機関内における共産党の勢力または工作」（第三章第十節第十項第四）という項目を設けて、次のように指摘している。

《現在の社会機構を破壊し、新世界の建設を終局の目的とする共産主義とユダヤ人とは、現制度を混乱に陥れ、これを破壊する工作に関する限りにおいては、本来自然の同盟関係にあることは一般に主張されるところであるが、このような主義上の問題はこれを別としても、従来ヒトラーがソ連およびユダヤ人の共同の敵である関係で共産党およびユダヤ人が相互に援助利用の関係にあることは当然のことである》

当時も今もそうだが、ユダヤ人は既存の国家体制に批判的な傾向が強いと言われていて、その意味で資本主義体制を破壊しようとするソ連・共産党とよく似ていると言われる。だが、ナチス・ドイツは当時、ソ連・共産主義者とユダヤ人を敵視しており、ある意味、ソ連とユダヤ人はナチス・ドイツという「共通の敵」を戴く仲間であり、その関係が深いのもある意味、当然であった。こう分析しているわけだ。

しかし、だからと言ってユダヤ人がすべて共産党の支持者というわけではないとして、『調書』はこう指摘する。

《しかしこの前提より直ちに一切のユダヤ人、特に政府部内のユダヤ人がすべて共産党の政策を弁護または支持する者であると断じるのはもちろん早計であるが、他面これらのユダヤ人の大部分はニューディール政策の実施により採用され、概ねこの熱心な信奉者であるため、この政策支持を現在における党是としている共産党と一脈相通ずるところがあるのは当然である。

現に政府の有力な地位にある数百名のユダヤ人の中には、共産党と判然とした関係がある団体に属する者が多数あるのは事実であり、政府の左翼政策の攻撃者がこれをユダヤ人に帰する根拠も、この事実に基づくものである》

ナチス・ドイツの迫害から逃れるため多くのユダヤ人が米国に来ていた。こうしたユダヤ人たちが、ルーズヴェルト政権が掲げるニューディール政策のもとで次々に創設された官公庁と関連団体、そして労働組合に採用され、生活の糧を得ていた。

　このため、同じくニューディール政策を高く評価していた米国共産党に対して、官公庁に就職できたユダヤ人たちが好意的であるのもまた当然だし、実際に官公庁や労働組合に所属するユダヤ人の多くが米国共産党の活動に関与していた。

　このため、共産主義に反対する米国の保守派の中には、ソ連、米国共産党とユダヤ人を一体とみなす傾向があることもまた事実であった。だが一般の大衆はそうした非難に必ずしも同調していなかったのも事実なのだ。


《CIO（産業別組合会議）内において一般ユダヤ人およびユダヤ人党員が比較的多数存在し、特にその組織員および幹部の地位に多数いることは、反ユダヤ運動に攻撃の資料を提供するものである。もっとも官公吏の地位にあるユダヤ人に対し、米国人の大部分は公正な態度をとり、確証がない限り共産党と関係ありとの断定は差し控える傾向にある。

　要するに政府内のユダヤ人総数が、米国内における全人口に比べて遥かに多数あることおよび、たまたま共産党内においてもその全国本部および各州支部主要人物等の六〇%、全党員数の約半数がユダヤ人であることが相俟って、世間の疑惑の因をなしているのである》

このように米国共産党とユダヤ人との関係は当時から、米国でも疑念をもって見られていることを指摘しつつも、『調書』はこう警告している。

《反ユダヤ・反共団体たるシルバー・シアーツは、政府諸機関およびＣＩＯ内における知名のユダヤ人の氏名を印刷配布し、これらの人物が共産党と関連あることを暗にほのめかせたが、これら政府部内のユダヤ人がすべて共産党に関係あると断ずるのは不当である》

米国におけるユダヤ人たちが、ナチス・ドイツへの反発とニューディール政策への共鳴からソ連、米国共産党に親近感を抱き、実際に共闘している側面もあるが、だからと言ってユダヤ人を共産主義者と決めつけるべきではないし、米国の世論もそう思っていないと指摘したのだ。

## 共産党の影響下にあるユダヤ系団体

さらに『調書』では、共産党の影響下にあるユダヤ系の団体がいくつか取り上げられているが、その中で特に次の二つの団体を紹介したい。

まず、「American Jewish Committee」（アメリカ・ユダヤ人委員会）というユダヤ系団体については、《数千名の会員で構成され、十分の資金を持っているが、目下欧州からの避難民救済運動に従事している。もちろん本団体は独伊二か国の政策に反対しているが、これはこの二か国がユダヤ人排斥を行うためであり、ソ連の敵国であるためではない。共産党の影響はあるが、未だこれを支配するには至っていない》と紹介されている。

注目すべきは、ユダヤ系がナチスによるユダヤ迫害に反対して米国共産党と連携していることを明記しながらも、ユダヤ系と共産党が一体であるわけではないことを強調していることだ。

もう一つのユダヤ系団体は「New School For Social Research」（社会調査のためのニュースクール）だが、これに関する『調書』の記述は実に興味深い。

今も「ニュースクール大学」（The New School）として知られる大学が、モルガン財閥の創始者ジョン・モルガンと、JPモルガン銀行の経営を担当していたトーマス・ラモントの妻の出資などに基づいて創設され、一九三九年の時点で、米国共産党幹部とその関係者たちによって運営されていたというのだ。

《本校設立経営資金の一部は世界的な銀行家J・P・モルガンとトーマス・ラモントの妻から来たものである。同女はまた、著名な左傾主義者コーリス・ラモント（ソ連友の会その他、共産党外郭団体の幹部）の実母である。
本校の建物は、約百万ドルを投じていると思われる超モダン型の立派なものであり、授業の程度は、一般マルクス社会主義理論を修得する左傾インテリのために、ハーバードおよびオックスフォード風を加味する社会革命方法論を教えるものである。（中略）なお米国を訪問する著名な外国共産党員およびフェロー・トラベラーの大半は、本校に招聘され、講演を行う》
トーマス・ラモントは、関東大震災の際に多額の国債を引き受け、震災復興に多大な協力をしてくれた人物だ。その息子、コーリス・ラモントは大恐慌を契機に社会主義、共産主義に傾倒して著名な左翼活動家となった。その影響もあって「ニュースクール大学」もマルクス主義に基づく社会革命を教える拠点になっていたという。しかもこのニュースクール大学は、ナチス・ドイツの迫害から逃れてきたユダヤ系の知識人たちを受け入れた大学としても有名だ。
関連してクレアたちは一九九一年のソ連邦解体後、ロシア政府の手で公開されたソ連・コミンテルンの機密文書（リッツキドニー文書）を詳細に検討し、米国の経済人と共産党との関係についても調べている。

その結果、ソ連との強いパイプを誇った世界的に有名な経営者アーマンド・ハマーが、コミンテルンの秘密メンバーであることを突き止めている。

《コミンテルン資料によって初めて確認されたのは、ソビエト体制の初期にアーマンドとその父親は実際にコミンテルン秘密資金網の正規の一員であった事実である。ハマーの父親であるジュリアスJuliusは共産主義労働党の創立メンバーであった。１９１７年、彼はアライド・ドラッグ・アンド・ケミカル社Allied Drug and Chemical Companyを設立した。（中略）この会社は、西側列強が当初ソビエト政権に加えた経済的ボイコットに対して、ある種の抜け道として機能し、生活に不可欠な化学製品や医薬品を買い付け、それらをソビエト・ロシアに向けて出荷した》（『アメリカ共産党とコミンテルン』）

資本主義打倒を叫ぶソ連・国際共産主義と手を組む資本家、財閥というのもおかしなものだが、ソ連としては米英を含む西側諸国との貿易取引や技術の導入などで、資本家、財閥とのパイプを求めていたわけだ。

## 黒人、ユダヤ人、女性が党員拡大の対象

次に米国共産党への「入党手続きおよび党費分担」（第三章第二節）について紹介しておこう。『調書』では、「党規約第三条または第五条に明定されるところであるが」と断りながら、次のように説明している。

《(1) 資格

十八歳以上の市民または（米国に）帰化の意思を表明する外国人で、労働階級に忠誠な者はその他一切の条件にかかわらず資格者である》

《(2) 入党手続き

入党申込書（氏名、住所、職業、給料または地位、人種、家族関係、宗派、政治関係等の書き込み欄あり）に署名し、保証人として二名の党員の署名を付け、原則としてその住居地またはその関係している組合または工場等のブランチに提出するものとする。もっとも上級党委員会または全国本部に提出しても差し支えなく、この場合は当該ブランチに送付される。

申込書には左記の文句が印刷してある。

「The undersigned declares his adherence to the program and statutes of the Communist Party of the United States of America and agrees to submit to the discipline of the Party and to engage actively in its work.」

（引用者註・邦訳「下記の署名者はアメリカ合衆国共産党の計画と規則に従うことを宣言し、党の規律に従うこと及びその活動に積極的に参加することに同意する」。「党の規律に従う」ことと、「党の活動に積極的に参加すること」が党員としての義務であることに注目してほしい。）

ブランチがこの申込書を受領した時は、保証人の身許並びに本人の身許を審査した上、ブランチの通常例会に諮《はか》り、多数決によって許否を決する。入党を許可した時は、その旨を直属上級団体に報告し、順次上級団体を経て、党本部の組織部に報告するものとする。

入党を許された時、新党員は左記の宣誓をすることが必要。

「I pledge firm loyalty to the best interests of the working class and full devotion to all progressive movements of the people. I pledge to work actively for the preservation and extension of democracy and peace, for the defeat of fascism and all forms of national oppression, for equal rights of the Negro people and for the establishment of socialism. For this purpose, I solemnly pledge to remain true to the principles of the Communist Party, to maintain its unity of purpose and action, and to work to the best of my ability to fulfil its program.」

（引用者註・邦訳「私は、労働者階級の最善の利益に対する確固たる忠誠と、人民のあらゆる進歩的運動に対する全面的献身を誓う。私は、民主主義と平和の擁護と拡大のため、ファシズム及びあらゆる形式による国家的抑圧の打倒のため、黒人の平等の権利のため、また、社会主義建設のために、積極的に活動することを誓う。この目的のため、私は、共産党の方針に忠実であり続けること、党の目的と行動の統一を維持すること、そして、党の計画を実現するために全力を尽くして働くことを厳粛に誓う」）》

この入党時の宣誓を読めば、当時の米国共産党がナチス・ドイツに反対する統一戦線や黒人差別反対といった方針を重視していたことがよく分かる。

党本部には、組織拡大を担当する「組織部（Organization Department）」というものが置かれている。『調書』は組織部の役割をこう説明している。

《組織部は新党員の加入、ブランチおよびセクションの新設廃合等、党の組織拡大強化に関する一般的党務を主管する。

ただしこの任務遂行に当たっては、直接工作により共産党の勢力を各種団体内に植え付けるフラクション部、出版部または学校教育の手段により共産党主義綱領を一般に宣伝啓発する教育部、その他特に婦人、労働組合、失業者、黒人等に対する工作の目的で設置されている各部または特殊委員会等と密接な連絡をとり、その協力援助を受けていることはもちろんであり、実質的にみればこの各種特殊部門の活動により共産党に傾きつつあるものに対し、入党の形式的手続きを施すに過ぎないとも言える》

一九三九年四月当時の党員総数は約七万五千人であったが、党員拡大目標とその主な対象について、『調書』は「本年九月末までに党員総数を十万名に到達させること」「一九四〇年における米国共産党全国大会期日までに、党員総数を十五万名に到達させること」と記している。

一九三九年の時点で、米国共産党が勧誘対象として考えていたのが、「黒人の農業労働者」「ナチス・ドイツの弾圧から逃れてきたヨーロッパのユダヤ人」、そして「ルーズヴェルト政権のニューディール政策のもとで失業者対策の対象となった女性労働者」の三分野であった。

## 意外に安かった入党金と党費

入党金についてだが、比較する物価によって異なるものの、一九三八年当時、当時の一円は現在の千五百円くらいで、一ドルは三・五円ぐらい。つまり一ドルは五千円くらいとなる。ということは、入党金五十セントは、二千五百円くらいということになる。

《入党を許された時は、入党金（普通五十セント、失業者は十セント）および一カ月分の党費を納入し、党員手帖（Membership Book）を受けるものとする》

次に党費だが、月収によって異なっていた。

《（3）党費および割当金納付の義務

党員が入党の際に宣誓する各項の義務のうち、最も重要なものは党費納付の義務である。つまり二カ月間滞納するときは不良党員として通告され、三カ月に及ぶときはその旨公表され、かつ当該ブランチの党費徴収委員において直接督促する。滞納四カ月に及ぶときは除名されるものとする。（黒人党員その他大都会の党員中に脱党者が多いのは、結局共産党の甘言に期待を掛け入党するも、直接個人的または自己階級に対する実益がないため党費納付の熱意を欠くこ

とによるケースが多いと言われる。）≫

党費は、全国大会において収入、地位などを考慮して各種党員の分担割合が次のように決定されている。

A　家婦、失業者および月収四十七ドル以下のもの――毎月十セント
B　月収四十七ドル以上八十ドル以下のもの――毎月二十五セント
C　月収八十ドル以上百二十ドル以下のもの――毎月五十セント
D　月収百二十ドル以上百六十ドル以下のもの――毎月一ドル
E　月収百六十ドル以上のもの――毎月一ドルの他に、百六十ドルを超えた十ドルごとに、またはその端数額ごとに五十セントの割合にて特別党費を課せられる

あくまでも目安だが、月収二十三万五千円で党費は一カ月五百円ぐらい、月収六十万円で党費は一カ月五千円ぐらいとなる。

納付した党費は、地方支部（ブランチ）に二十五％、党本部に三十五％、残りの四十％は、地方支部に関係するセクションに配分されることになっている。党の活動費はもっとも重要

なところに多く配分される。ということは、地方支部に関係するセクションがもっとも党員拡大、党勢拡大に力を発揮していたということだろう。

## 米国共産党の資金関係

もちろん、党費だけで米国共産党の活動が成り立っていたわけではない。

日本外務省はすでに一九三九年の時点で、ソ連・コミンテルンから米国共産党へ資金が流れていたことをある程度把握していた。『調書』では次のように記述している。

《米国共産党運動に供給されているモスクワの資金の正確な額、並びにその経路を知ることはほとんど不可能であるが、首席コミンテルンの手を経てアムトルグ貿易会社より共産党に対し、毎月六万ドル、CIO（産業別組合会議）系労働組合その他共産党外郭団体の主要なものに対し、毎月十万ドルが供給されているとの説がある。だが、共産党および外郭団体の収入推算高とその活動から推測できる支出高とを比較考量するとき、モスクワの資金援助はさらに莫大であると推定される》

さらに、『調書』の「米国共産党の資金関係」（第三章第三節）には次のように記されている。

《共産党は常にその財政が貧弱であることを宣伝しているが、共産党およびその所属団体により行われる諸種の活動事業を一瞥するだけで、このような党幹部の言明が偽であることは明らかであると、一般には主張されている。消息に通じる人々の調査によれば、新聞、単行本、パンフレット類の出版事業だけでも百万ドルから二百万ドルを使用しているようだ》

米国共産党は宣伝広報活動に力を入れ、各種新聞、単行本、パンフレットを発行していたが、その経費が一年間で百万ドルから二百万ドル、現在の日本円に換算すると五十億円から百億円も使っていたという。ちなみに自民党の一回の国政選挙で使う広報宣伝費（新聞、テレビでの広告、チラシやパンフレットの印刷費など）が約百億円と言われている。

米国共産党の活動資金の出どころについては、当時から疑念を持たれていて、米国連邦議会でも問題視され、調査が行われた。

その調査を担当したのが、米国下院に設置された「非米活動特別委員会」だ。

民主党のマーティン・ダイス下院議員（テキサス州選出、民主党）が「今にしてアメリカにおける全体主義諸国の宣伝を鎮圧しなければ国内に革命が起こるかも知れない」として、国内における非米的活動及び宣伝の調査のため特別委員会設置に関する決議を採択した。そして、委員会の委員長を務めたダイス下院議員をはじめとする七名の超党派の「非米活動及び宣伝調査特別委員会」を設置したのだ。ダイス委員長の名前をとって、通称「ダイス委員会」と呼ばれた。

委員会の名称にある「非米（un-American）」とは、「共産主義やナチズム、ファシズムは階級的憎悪または人種的憎悪を基盤とする無神論的政治哲学であり、デモクラシーを奉じるアメリカの政治的伝統を壊すイデオロギーであって認められない」との考え方を示している。

ダイス委員会の調査について『調書』はこう説明する。

《一九三九年九月、ダイス委員会は共産党の会計帳簿四十三冊を押収し、部分的検査を行ったが、その結果共産党は一九三七年および三八年の両年にわたり、総額千十六万四千ドルの経費を所有していたことを発見した。これにより委員長マーティン・ダイスは、もし帳簿全部にわたって十分な検査を行う場合、米国共産党が一九三〇年以来、毎年約五百万ドルを費やした事実が判明するであろうと断言した》

米国共産党の年間予算は当時二十万ドル、現在の日本円にして約十億円であり、外国からの財政的援助は受けていないと主張していた。

ところが、ダイス委員会が米国共産党の会計帳簿を押収し、調査したところ、米国共産党は毎年、約五百万ドル、現在の日本円にして約二百五十億円もの経費を使っていたというのだ。

二十万ドルと五百万ドルとでは、あまりにも額が違いすぎだ。どう考えても外国からの財政的援助を受けていると考えざるを得なかったし、実際にそうした証言が多くの共産党関係者から出されることになった。『調書』はこう続ける。

《かつて党書記長の地位にあったベンジャミン・ギトロウは、一九二二年より一九二九年の期間中にモスクワより年額十万ドルから二十五万ドルの補助を受けた旨、またこの活動資金の他、莫大な特殊機密費をモスクワより受領し、そのうち十万ドルはMine Workers of America（米国鉱山労働者組合）を支配するための工作費として与えられた旨、またFriends of the Soviet Union（ソ連友の会）主催にて一九二一年ロシア飢餓義援金百万ドルを一般米人より拠金したが、この金額はコミンテルン所属団体に分配され、その最大分配額を受けたのは共産党であり宣伝費に費消した旨、またなお金額不明であるも多額の資金が米国内におけるＯＧＰＵ（統合国家保安部）およびアムトルグ会社幹部等により使用された旨、並びに共産党の斡旋でアムトルグ会社、その他在米ソ連機関に就職し、高給を受ける者はその俸給

の一部を党会計に払い込むことを要求される旨などを証言した》

だがこの当時、ダイス委員会は米国共産党がモスクワから多額の資金を受け取っていたことを立証できなかった。日本外務省の『調書』はこう続ける。

《アムトルグおよびOGPU（統合国家保安部）の秘密エージェントを通して、米国共産党がソ連から資金を受領した事実に関しては、多数の証言があったが、党がその財政上の記録をくらまそうとして帳簿を偽り、姓名を偽り、かつ小切手を使用せずに多く現金主義によるなどの欺瞞的手段を弄しているため、ダイス委員会により特に雇用された会計検査係は、遂になんらの確証を握ることができなかった》

しかもその後、米国共産党に対するソ連の資金援助については追及されなかった。ルーズヴェルト政権がソ連との協調を優先させたためなのか、それとも調査にあたったFBIが本当に確証を掴めなかったのか、それはよく分からない。

確かなことは、ルーズヴェルト政権は、米国共産党を追及することを好まなかったということだ。

このダイス委員会は、ルーズヴェルト政権に対して調査員及び法律専門家の派遣並びに調査資料の提供を要請したが、政権側はその申し入れを断っている。

## 極秘文書公開によって明らかになった資金の流れ

結局、モスクワから米国共産党への資金の流れがある程度事実であったことが判明したのは、一九九五年になってからである。

「ロシア現代史文書保存・研究センター（リッツキドニー）」においてソ連・コミンテルンの文書を入手し、分析をしたクレアたちが、モスクワから米国共産党に多額の資金が渡っていたことをこう指摘したのである。

《コミンテルンはこの時期、ちっぽけなアメリカ共産党運動に対して、1920年代では巨額ともいうべき数百万ドル相当の貴金属を提供していた》（『アメリカ共産党とコミンテルン』）

さらにクレアたちは一九二三年にコミンテルンが毎年七万五千ドルの予算を米国共産党に渡すことを通知する手紙を発見している。

《アメリカ共産党へ（中略）
１９２３年に対しては、７５０００ドルという額が貴党に割り当てられたが、その三分の二は合法的な党活動に充てるものとする》（『アメリカ共産党とコミンテルン』）

この手紙は先ほど紹介した『調書』の、《かつて党書記長の地位にあったベンジャミン・ギトロウは、一九二二年より一九二九年の期間中にモスクワより年額十万ドルから二十五万ドルの補助を受けた》とする証言を裏付けるものとして注目される。

ソ連と米国共産党との密接な関係は、「リッツキドニー文書」に示された資金の流れや、ソ連から米国共産党幹部への指示書によっても明らかだとしてクレアたちはこう結論づけている。

《もはや、ソ連がアメリカの党資金を提供していたこと、党に秘密組織があったこと、中心的な指導者や幹部がソビエト諜報工作活動に関与していたこと、こうしたことを否定することはできなくなった》（『アメリカ共産党とコミンテルン』）

# 第八章

# マスコミとハリウッド乗っ取り工作

## 記者・作家・出版物への周到な工作方針

米国共産党は、広報・宣伝工作も重視しており、その対応部門である「啓発宣伝部（Publicity and Propaganda Department）」、現代的用語を使えば「出版・プロパガンダ部」が組織として最も充実していた。

その部長には、米国共産党の幹部であり、コミンテルンからも信任が厚いクラレンス・ハザウェーが就いており、党機関紙「デイリー・ワーカー」編集長を兼任していた。

この部門の主要任務は《文筆、演劇、ラジオ、シネマ、美術、音楽その他一切の文化手段により、党員およびシンパ（共産党の主張に共感してくれている人）の指導啓発並びに一般大衆に対する宣伝を行うこと》であった。具体的には「出版物工作」と「記者及び作家に対する工作」に大別される。

出版物に対する主な工作として『調書』には次の八つが紹介されている。

① 党員もしくは党直属団体会員の指導教育を主目的とする出版物の発行。
② シンパの指導またはこの獲得を主目的とする出版物の発行。
③ 大衆啓発用宣伝出版物の発行。
④ フラクション部と協力して、党が関心を持つ諸団体から発行される出版物の編集方針

の指導支配。

⑤党関係以外の出版に対する指導援助。

⑥シンパの文筆家に対する工作。

⑦新聞記者、文筆家等に供給する資料作成。この資料は情報供給の形式および口述にて党の政策綱領を押し付けるものとする。

⑧ソ連の内治外交問題に対する米国世論の趨向《すうこう》に関する報告を、コミンテルンを通しソ連に供給すること。もっともその前提としてソ連の時事問題に関する米国世論の啓発に努めることはもちろんである。

この八項目がどれほど大変なことなのか。自民党を例に考えてみよう。

①の党員教育の出版物については、毎週一回「自由民主」という機関紙を発行しているほか、『りぶる』という女性向け月刊誌を毎月一回、発行しているだけだ。

一方、米国共産党は党が直接発行する出版物だけでも、機関紙として「デイリー・ワーカー」「サンデー・ワーカー」など六種、月刊機関誌として「*The Communist*」「*National Issues*」「*Party Builder*」「*Young Communist Review*」など八種、そしてドイツ語の週報「*Deutsches Volksecho*」と計十五種類も発行していた。

さらにコミンテルンの月刊誌「*The Communist International*」、ソ連の週報「*World News and Views*」「*Moscow News*」、ソ連の月刊誌「*Sovietland*」「*International Literature*」の五種類が発行されていた。

②の党員獲得用の出版物としては、自民党には『選挙の手引き』みたいなものがあるだけで、③の大衆向けの広報物は、国政選挙のときの政策リーフレットぐらいである。しかも国政選挙の時の広報宣伝は、広告代理店にかなり依存している。

また、④の党と関係する諸団体の出版物に対する指導などはもちろんしていないし、⑤の党関係以外の出版に関する指導援助もしておらず、⑥のシンパの文筆家に対する工作もほとんどしていない。

⑦については、新聞記者などに党としての記者会見はしているが、取り立てて情報提供をしているわけではない。自民党本部で開催されている部会の政策資料などを無償で提供しているぐらいだ。

⑧だが、そもそも自民党は外国の政党と密接な交流はなく、議員外交は個々人に委《ゆだ》ねられている。

このように比較してみると、要するに自民党は、一般民衆だけでなく、党員に対する広報も力を入れていないということがよく分かる。

一方、米国共産党は広報を重視していたが、党の出版物は党員や左派勢力に対する教育を目的としていただけではない。「ソ連」防衛という観点から、一般大衆に対して「ファシズム反対」「デモクラシー擁護」の宣伝こそが主要目的だとしていた。

## 共産主義反対は「ファシスト」とレッテル貼り

では、「ファシズム」とは何なのか。国家としては、ナチス・ドイツ、イタリア、日本などを指す。だが、実はそれだけではない。米国共産党は労働運動に反対する人や経営者もすべて「ファシスト」であるとしているのだ。

《党の出版物は単に党員並びに一般左傾分子に対する教育を目的とするだけでなく、ソ連防衛の見地より一般大衆に対するファシズム反対、デモクラシー擁護の宣伝を主要目的の一つとするものである。そしてこの共産党の党是に基づき、これら出版物の編集方針は部長クラレンス・ハザウェーの立案であると言われる。

そしてこの原則は、党以外の出版物に対しても指導目標であることはもちろんである。

（1）労働者の利益または労働運動に反対する者はファシストである。

（2）雇主はすべてファシストである。

（3）デモクラシーはファシズムよりは労働者にとって有利である。
（4）世界のデモクラシー諸国は糾合してファシズムを撲滅すべし、なおこの場合ソ連は最も進歩する様式のデモクラシー国家である。
（5）共産主義（現在デモクラシーまたは二十世紀のアメリカ主義と僭称《せんしょう》する）の実現が労働者の幸福をもたらす唯一の手段である。

そして共産党並びにその分身であるヤング・コミュニスト・リーグおよびヤング・パイオニアより直接出版される新聞雑誌に掲載される各論説を検討すれば、前記五原則のいずれかを基調とし、かつ主要記事はだいたい直接ハザウェーの校閲加筆を受けている》

この方針に基づいて党本部が発刊していたのが、日刊紙「デイリー・ワーカー」で、一九三八年時点で販売部数は公称七万部、実売はその半分の三万五千部。この「デイリー・ワーカー」の日曜版「サンデー・ワーカー」の発行部数が五万部だ。

〝共産主義こそもっとも進歩している「デモクラシー」なのだから、共産主義に反対する人たちは「デモクラシーに反対するファシストだ」〟とは詭弁もいいとこで、よく言ったものだ。

サヨク・リベラルの宣伝手法は、このように相手に一方的にレッテルを貼って、敵対勢力の発言権を奪っていくものだ。

日本でも、サヨク・リベラルは、敵対する政治家、政治勢力に対して「軍国主義者」「差別主義者」といったレッテルを貼って社会的に抹殺しようとしており、その手法は全く同じだ。

## 出版社へ工作員を送り込み支配

米国共産党のすごいところは、《党が直接出版する以外の出版物》、つまりマスコミにも工作を仕掛けていることだ。その方法は以下の二つになる。

（一）共産党外郭団体の出版物に対するように、党員またはフェロー・トラベラーに編集に当たらせ、また資金援助等により編集方針を完全に支配する、および出版社自体を支配する。

（二）記者および作家に対する各種工作。

マスコミ工作の第一は、「出版物を発行する団体または出版社に対する工作」である。これは、編集部に、党員または「同伴者（フェロー・トラベラー）」という名の工作員を送り込むか、編集部を「同伴者」とすることで、米国共産党の意向に従って編集をさせるようにする方法だ。編集部を取り込むのではなく、資金を援助して編集方針を支配する方策をとることもある。

『調書』によれば、この工作の対象となった団体と雑誌には、次のようなものがある。そして残念ながら、これらの雑誌は、米国国務省の官僚たちも読んでおり、少なからずルーズヴェルト政権の対外政策に影響を与えた。

《チャイナ・トゥデイ（*China Today*）》

米国共産党外郭団体であるアメリカン・フレンズ・オブ・チャイニーズ・ピープルの月刊機関誌であり、ニューヨーク168 West 23rd Streetより発行される。共産主義または反ファシズムおよびソ連の見地より、中国国民政府およびシナ大衆の対日抗争を取り扱い、その材料の中には直接ソ連より来たものがあると言われる。なお昨年末以来、米国共産系親支団体の活動は本誌およびAmerican Committee for Non-Participation in Japanese Aggressionの二機関に集中しているように思われるが、共産主義的色彩を出来るかぎりカムフラージュし、中立法改正、禁輸問題に関し巧妙な宣伝を行っている。編集主任Max Grannich、編集部員T. A. Bisson ; Philip J. Jaffe ; M. S. Stewart ; Robert Norton、および営業主任Dorothea Tooker

である。発行部数五千部と称しているが、大部分は無料配布され、一部十セント、年一ドルである。本誌は多額の負債に陥っている》

《ニュー・マッセス（*New Masses*）

本誌は左傾と言うよりはむしろ、自由主義を長年装ってきたが、過去に二、三年間においてその編集者等が共産党に属していることが明白となった。なお本誌は広く全米各社会層にわたり購読される点、および英、仏、ソ、メキシコ等左翼刊行物中に米国の世論として引用されることが多い点などにおいて、共産党系出版物中最も有力であると言われる。発行部数は二万八千と称している。一部十五セントである》

《ワールド・フォー・ピース・アンド・デモクラシー（*World for Peace and Democracy*）

共産党外郭団体のうち、最有力である「アメリカ平和民主主義連盟」の月刊機関誌である。従来*Fight*と言っていたが、昨年来同団体がダイス委員会において共産党の支配下にあるとの非難があったため、本誌の名称を変更した。

反ファシズム、デモクラシー擁護を標榜するこの団体の機関紙であるため、外交政策に関しては日、独、伊の攻撃、これら諸国に対するボイコットおよび経済制裁の強化、共同干渉および非中立的中立法（ドイツや日本と戦っているイギリスや中国への軍事援助の実施など）の主張、国内的には神父カフリン、その他ファシズム論者に対する攻撃等の論説を満載している》

ここで紹介したのは『調書』のごく一部に過ぎない。そして英語以外の出版物で、共産主義に関する言説を載せる外国語の定期刊行物は全米で二千にのぼったという。

米国共産党は本部内に「外国語部局」を設置し、米国に移民などでやってきた英語以外の言語を使う外国人たちへの工作も懸命に行っていた。そうやって在米のどちらかと言えば孤立しがちな外国人たちを次々と取り込んでいったのだ。

## 作家に対する言論弾圧団体「米国作家連盟」

米国共産党のマスコミ工作の第二は、「記者及び作家に対する工作」だ。

出版物を出す団体や出版社に協力者を送り込んだり、資金を提供したりして支配下に置くだけでなく、各種作家団体を内部から支配し、記者や作家を操縦する方策もとった。

その作家工作の中核組織は「ジョン・リード・クラブ」という。

《（1）ジョン・リード・クラブ（John Reed Club）

本団体は米国における左翼芸術家および作家の共産系団体であり、米国初期の共産党員で米国からソ連に追放され、同地で客死したジョン・リードを記念するため、共産党員によって組織されたものである。ソ連に本部を持つ国際的左翼文化団体である国際革命作家同盟（International Union of Revolutionary Writers）の米国支部であり、米国共産党と密接に協力している。

特に共産主義宣伝、共産党員の調査・逮捕反対、反共法案反対等に関し共産党と共同戦線を張り、また共産党領袖は本クラブの経営する作家および芸術家養成学校の学生に対し講演を行い、その他この種の学校に対し内面的に財政上の補助を行っていると言われる。また本クラブは後出の米国作家連盟、その他、左翼演劇連盟の組織等に大きな役割を演じている》

このジョン・リード・クラブが中核となって、統一戦線が提起された一九三五年に設立されたのが「米国作家連盟」だ。

《（2）米国作家連盟（League of American Writers）

本連盟は現在米国共産党が作家、劇作家、記者等に対する反ナチ、ソ連擁護の宣伝に利用している最も有力な機関の一つである。
本連盟は一九三五年四月、ジョン・リード・クラブおよび米国共産党が主催する革命作家全国大会において結成された。この連盟の主唱者は共産党員、左翼作家、教育家等七十名である。（中略）
本連盟はCongress of American Revolutionary Writers（米国革命作家同盟）という名称の下に四月二十六日、ニューヨーク市Mecca Templeにおいて開催され、同会議において文筆による革命宣伝の常設機関として「米国作家連盟」の組織並びにジョン・リード・クラブと同様、在モスクワ国際革命作家同盟に所属することを決定した》

この作家連盟の中核は、共産主義または左翼の作家と反「ナチス・ドイツ」の作家だが、この作家連盟の真の目的を知らずに利用されている作家たちも含め約七百名が参加した。リベラル派の月刊誌『ニュー・マッセス』編集部のグランビル・ヒックスらが発起人となり、『大地』を書いたパール・バック、『武器よさらば』で有名なアーネスト・ヘミングウェイ、『怒りの葡萄』で有名なジョン・スタインベックら作家七百名が会員となり、ロマン・ロラン（仏）、アンリ・バルビュス（仏、フランス共産党員）、ハインリヒ・マン（独）といった作家が名誉会員となった。

また、結成大会には、中国共産党を賛美する本を執筆し、「南京大虐殺」を宣伝したジャーナリストのアグネス・スメドレー女史や孫文の夫人である宋慶齢《そうけいれい》などから祝電が届いた。世界的なネットワークを活用して自らの活動をアピールすることが実に上手だ。

この作家連盟の目的、綱領は次の通りである。

(イ) 米国各地の作家を平和およびデモクラシー擁護、ファシズムおよび反動主義反対の全国的文化団体に糾合すること。
(ロ) 文化擁護を保障するような政治的社会的制度並びに教育、思想および言論の自由の擁護。
(ハ) 会員他作家に対し、本団体の主義綱領を支持させるため、これに援助を与えること。
(ニ) 左翼労働組合、特に自由職業および芸術家の組合支持。
(ホ) 文化擁護のため米国の作家並びに一切の進歩的勢力間に共同戦線を樹立すること。
(ヘ) 各国における統一戦線樹立に協力すること。
(ト) 他国における同様の作家団体と協力すること。

「言論の自由の擁護」などを謳っているが、実際は、この米国作家連盟に加盟した作家たちは、ファシズム反対、デモクラシー擁護の宣伝に協力するよう強制された。『調書』はこう説明する。

《米国作家連盟は創立以来、米国の作家に対し反ファシズム、デモクラシー擁護の宣伝的筆致を弄《ろう》するよう圧迫を加えている。そして米国の作家は自力で原稿を雑誌などに掲載できる者以外は、欲すると否とにかかわらず、意識すると否とにかかわらず、反ファシズムの宣伝員になってしまう。

というのも、新聞、雑誌等の編集者の多くが米国作家連盟に加盟していて、ファシズム、つまりドイツや日本に同情するかのような原稿の掲載を拒否する傾向にあるからだ》

要はドイツや日本、そして資本家といった「ファシズム」に同情的な原稿を書くと、新聞、雑誌の編集者の多くがこの米国作家連盟に加盟しているため、原稿を没にしてしまうのだ。

こうした方針は繰り返し公の場で確認された。

例えば、『調書』によれば一九三九年六月、米国作家連盟第三回大会の席上、D・O・スチュワート会長は「デモクラシーの防波堤は無数の間隙がある。多数の作家が言論をもってデモクラシーを支え、米国におけるデモクラシーの没落を防ぐ必要がある。よって作家として名乗ろうと思うならば、少なくとも反ファシズムの作品を書くべきであり、ニューディール政策を推進するためあらゆる方法をもって戦うことこそ作家の任務である」と挨拶した。

反ファシズム、つまりドイツや日本に対して批判的な原稿を書くことが米国の作家としての任務であると強調したのだ。

## 新聞社の論調を左右する「米国新聞ギルド」

新聞社に対する内部穿孔工作は最もよく成功した事例だと、『調書』は指摘する。

米国共産党の内部穿孔工作の主要工作機関として新聞対策を担当しているのが、「米国新聞ギルド（American Newspaper Guild）」だ。

『調書』によれば、このギルドは一九三三年九月、新聞記者及び編集部員の待遇改善、能力増進を主要目的として設立された。

ところが、共産党員の内部穿孔工作によって次第に共産党に同調するようになり、一九三七年には穏健な米国労働総同盟（ＡＦＬ）から離脱し、産業別組合会議（ＣＩＯ）に加盟した。

このギルドは当初、記者と編集者だけが加盟していたが、共産党の方針によって他の新聞関係従業員を次々と加盟させていった。事務員などが次々と加盟し、その数が記者と編集部員の数をはるかに上回ることになったため、共産党の工作が容易となった。

例えば、これまではあまりに左翼的過ぎるとして加盟を拒否されていた米国共産党の機関紙「デイリー・ワーカー」、「ニュー・マッセス」誌、「ニュー・リパブリック」誌、「ネイションン」誌の関係者も加盟が許されるようになり、まず、ギルドのニューヨーク支部が米国共産党によって完全に支配された。

ニューヨーク支部を牛耳った米国共産党は、次に左翼勢力が強いシカゴなどで、新聞社に対してギルドに加盟するよう迫っていった。

もしギルドに加盟しようとしない新聞社があれば、従業員によるストライキや広告主に対するボイコットを仕掛けて恫喝し、加盟を勝ち取っていった。しかも、ルーズヴェルト民主党政権の労働調停局（ＮＬＲＢ）などは、米国共産党やＣＩＯによる新聞社従業員の不当行動を常に擁護した。

その工作の様子を『調書』は次のように描いている。

《シカゴ・ヘラルド・エキザミナー紙（ハースト系）は、編集部員その他従業員のギルド加盟を承認しなかったため、広告先に対するピケット（嫌がらせ活動）により広告料の減収および労働団体の購読阻止運動のため経営難に陥った。

また*Station Island Advance*紙、*Long Island Star*紙、*New Jergy Ledger*紙のように、いずれも広告先のピケットに遭い、財政上著しい被害を蒙《こうむ》った。
最も著しい例はWilkes Barre（Pen.）における一新聞社従業員のストライキである。百八十日間休刊後ギルド側の勝利でストライキが解決したが、これにより同新聞は間もなく独立経営困難に陥った》

こうして一九三九年夏、サンフランシスコで開催された米国新聞ギルド全米代表者会議において役員は、「ワールド・テレグラム」紙のコラムニストのヘイウッド・ブラウン（Heywood Broun）会長を筆頭にすべて共産党員と同伴者によって占められることになった。

その人事は、マスコミに多大な影響を与えることになった。

例えば一九三九年五月、米国共産党のフロント組織「ヤング・コミュニスト・リーグ」大会において、米国共産党のアール・ブラウダー書記長がルーズヴェルト大統領の三選支持を打ち出した。

この方針を受けて米国新聞ギルドのニューヨーク支部も七月に、ルーズヴェルト三選を支持する決議を採択。そして七月末にサンフランシスコで開催されたギルド全国会議で、ルーズヴェルト三選を支持する決議が採択されることになったのだ。

こうしてギルドに加盟する各新聞社やAP通信、UP通信などの国際通信社も、来る大統領選挙において共和党に反対し、民主党のルーズヴェルト大統領の三選を支持する論調の記事を書くようになっていったのだ。ファシズムと名指しされた日本にとって有利な報道も、目立たない場所で小さく報じられるようになっていく。

《一般的にいうと、米国新聞ギルドに加盟した各新聞社、AP通信、UP通信、Int'l News Service；Press Radio Service 等の通信員並びに記者は無意識的に本ギルド主義綱領に追随することにより共産党の代弁者となり、ニュース並びに論調が共産党の政策と一致するのである。

例えばスペイン・ローヤリスト政府支持、シナ軍の「大勝利」、National Labor Relations Board 支持、労働運動におけるCIO（産業別組合会議）勝利等は、各新聞社編集部の同情的取り扱いを受け、例えば大げさ、有利なヘッドラインを付ける。これに反し日本に有利な記事などには目立たない場所で、平凡な見出しで掲載するのが常であるようだ》

こうした内部穿孔工作が成功したことを、クレアたちも次のように指摘している。

《人民戦線の方針に支えられて、共産主義者は短期間に数十の組織に入り込み、アメリカ人の生活のさまざまな面に関係を持ち始めた。アメリカ作家連盟League of American Writersや反戦・反ファシズム・アメリカ連盟American League against War and Fascismのような共産主義者が支配するグループに有名な作家、芸術家、知識人が結集した》(『アメリカ共産党とコミンテルン』)

## 一般大衆を引き込むための演劇・映画工作

米国共産党はまた、演劇や映画工作も重視した。その理由を『調書』はこう分析している。

《演劇関係方面における共産党の関心は、従業員に対する待遇改善は第二次的であり、真の目的は舞台を通しての観衆に対する工作にあった。

共産党の宣伝方針の主要な一点は、同時にできるだけ多くの人に呼びかけ、しかも共産党の宣伝の事実を労働者に気付かせないことにある。

街頭または集会における演説は、なかなか一般大衆の興味を惹かない。また特定の団体内における侵蝕工作は、共産党にとって最も有力かつ成功している武器であるが、この工作は対象に制限があって、大規模かつ一般的であることができない。

これに反し、演劇または映画を通しての宣伝は、巧みに行われる時は同時に不特定多数のものに対し極めて効果的な宣伝をなし得る。この事実に着目し、コミンテルンまたは米国共産党は現在演劇方面の工作に多大の努力を傾倒している》

機関紙などによる宣伝は、どうしても特定の人にしか届かない。労働組合や平和団体への内部穿孔工作は極めて有効だが、これも広がりに欠ける。ところが演劇や映画（活動写真）は、不特定多数の人たちに効果的な宣伝を行うことができる。

そう考えた米国共産党の党員であったマイク・ゴールドが一九三一年、演劇・映画関係者を対象にした工作機関として「労働者文化連盟」を創設した。その経緯を『調書』はこう記している。

《（1）労働者文化連盟（Workers Cultural Federation）

一九三〇年、ソ連における革命的作家並びに芸術家会議の開催に刺激され、一九三一年六月ニューヨーク市において「ニュー・マッセス」誌の記者マイク・ゴールドの画策により百三十の労働組合、文化、政治、または社交団体の会議を開催した。その結果「労働者文化連盟」を結成することに成功した。（中略）

ゴールドは本文化連盟の使命を分かりやすく説明すべく、「文化における階級闘争の政策を遂行し、ファシズムその他反動主義に対し一切の革命的団体を公然支持し、さらに弁証法的唯物史観の綱領に立脚すること」を明言している。この声明に照らすと、本連盟は当初より共産主義宣伝の機関として設立されたものである》

一九三五年には、この連盟に加入している俳優たちを集め、「新劇連盟」が組織された。

《(2) 新劇連盟（New Theatre League）

前記労働者文化連盟の初期に、共産党は演劇界における真に優秀な俳優並びに作本の支持を確保することに努めているが、ついにこの連盟に加入している優秀な俳優を糾合して、一九三五年、「新劇連盟」を組織した。現在アドレスは 132 West 43rd Street, N.Y. である。

本連盟は米国演劇界を資本家の享楽機関から一般大衆を対象として、最高の芸術的かつ社会的水準に発展させ、さらに戦争、ファシズムおよび検閲制度反対闘争の中央機関である目的をもって設立された》

この新劇連盟は自ら演劇を上演するだけでなく、《俳優、監督、劇作家養成を目的とする新劇学校New Theatre School（132 West 43rd St.）を経営し、さらに*Theatre Worker shop*という月刊誌、並びに*New Theatre News*という新聞を発行している》。

この新劇連盟は全米各地で演劇を上演していく中で、普通の俳優や監督とのつながりを強化しつつ、彼ら俳優や監督に、共産党のイデオロギーに同調するような演劇の仕事を提供するなどして、少しずつ共産党の同調者にしていったのだ。

この新劇連盟が上演した演目の中にはヒット作も生まれ、演劇界に共産党のイデオロギーが広がっていった。

《クリフォード・オデッツ（Clifford Odets）　共産党演劇運動における、いわゆる「社会的意義（Social Significance）」を強調する劇作家の一人である。「レフティを待ちつつ（原題・Waiting for Lefty）」という作を著わし、一躍有名となったが、現在共産党員にして同時に営利演劇場のための劇作家として一流の地位にある。

「レフティを待ちつつ」は新劇連盟の労働者演劇団により全米にわたり数千回の興業を続け、さらにニューヨーク、シカゴその他大都市の普通劇場において興行し、多大の成功を収めた。本劇はタクシー・ストライキを取り扱っているものであり、結局タクシー運転手は冷血な資本家の完全な奴隷となっていることを誇張したものである。

この劇の成功に刺激され、全米各地に労働劇場が勃興し、通常の営利劇場においては上演の見込みのなかった共産主義宣伝劇が多数執筆され、そのうち優秀で成功するものは普通劇場で上演されることとなる》

このほかにも、《重罪犯監獄内の情景を取り扱っているもので、観衆に対し官憲並びに制度に対する反抗気分を挑発することを目的とする》ものや、《若年の国防軍の兵士がストライキ暴動者に対する発砲命令を拒否し共産党員となる物語》を扱った演目も登場したという。

## 演劇界への浸透工作を支援したルーズヴェルト政権

このような演劇・映画界に対する共産党による浸透工作を強化したのが、ルーズヴェルト民主党政権であった。ニューディール政策の一環で、演劇界の失業者たちに仕事を与える「演劇支援プロジェクト」が始まったのだ。

《(3)フェデラル・シアター・プロジェクト（連邦政府による演劇支援プロジェクト）

この成立の沿革はフェデラル・ライターズ・プロジェクト（連邦政府による作家支援プロジェクト）と同様、ルーズヴェルト政府が連邦失業救済事業を起こすにあたり、演劇界における失業不平分子に職を与え、ニューディール宣伝にこれを利用しようとする意向に基づくことが多いと言われる。しかし、前出労働者文化連盟および新劇連盟の工作により促進されたことは明らかである。

そして本プロジェクトには文化連盟および新劇連盟の成立並びに育成に努力した共産党系幹部が採用され、枢要の地位を与えられた者が多数いる。（中略）

代表的役員は次の通り。

フラナガン女史（Mrs. Hallie Flanagan・全国理事長）、George Kondolf（ニューヨーク市理事）、Evan Roberts（ラジオ部部長）。

とりわけ本プロジェクトの共産主義化に重要な役割を演じているのはフラナガン女史である》

演劇界を支援する連邦政府プロジェクトが始まり、その役員には共産党系幹部も採用された。こうやって米国共産党の党員たちは、連邦政府に次々に登用されていったのである。

この「演劇支援プロジェクト」の全国理事長に抜擢されたのはフラナガン女史だが、その経緯を『調書』はこう記す。

《フラナガン女史（Mrs. H. Flanagan）　全国理事長。前出労働者文化連盟の元勲であり、本プロジェクト成立と共に当時、雇用促進局（WPA）長官、現商務長官ハリー・ホプキンスの推薦により、大統領により本プロジェクトの局長に任命され、さらに本年初め全国理事長に任命された。

フラナガンは一九二五年以来、ヴァッサー大学において演劇論講座を担当したが、グッゲンハイム財団奨学金を受けて一九二六年より二七年にわたり、欧州各国（ソ連を含む）の演劇事情を視察した。

帰米後“Shifting Scenes”という報告書を出版したが、二百八十頁中一四七頁をソ連邦およびその劇場の賛美に費やした。そして同書におけるソ連劇場論はすべてそのままフェデラル・シアター・プロジェクトの指導精神となっているものと思われる。（中略）

同女史が一九三八年下院ダイス委員会において陳述したように、単なる当時のソ連演劇界の忠実な報告に止まらず、また同時に同女史の劇に関する意見を表明するものである。そしてこの意見に基づき米国労働者演劇運動を指導し、これに共産主義思想を注入することに努めてきたが、本フェデラル・シアター・プロジェクトが成立するに至って、その指導者に任命された》

フラナガンを理事長に推薦したのはハリー・ホプキンス商務長官だが、彼はホワイトハウスに住み込み、ルーズヴェルト大統領の最側近と呼ばれた政治家だ。彼とソ連・コミンテルンとの関係も追及される必要があろう。

このフラナガン理事長のもとで、このプロジェクトに採用された人物の七千九百人のうち、その九割が「労働者文化連盟」の裁量で決定され、毎日全米五十カ所で興行が行われたことが判明した。このため、一九三九年六月三十日をもってこのプロジェクトは廃止されることになったが、この時点で演劇界に対する米国共産党の影響力はかなりのものになっていた。

## ハリウッドも共産党の影響を受けていた

活動写真、つまり映画界に対する工作は米国共産党というよりも、ソ連・コミンテルンが直接、米国に乗り出し、担当していた。

コミンテルンは、《米国における宣伝手段として活動写真に重要性を置き、ソ連製フィルムの配給並びにソ連防衛またはファシズム攻撃を主題とするフィルムの制作を指導援助する目的で》、米国に、《事実上はソ連の機関である Amkino Corporation, Inc. および、この傍系会社である Garrison Film Distributors, Inc.》を設立した。

そして、米国共産党による内部穿孔工作が始まるや、「映画俳優ギルド（Screen Actors

Guild)」を通じて、映画俳優たちを支配下に置こうとした。

《映画俳優ギルドは大映画会社ほとんど全部に百%クローズド・ショップ、つまり採用時に特定の労働組合に加入している労働者だけを雇用する協定を受諾させることに成功した。そして男女俳優は組合加入を強制されることとなった。したがって共産党の支配する組合規則に拘束されている。

例えば俳優はいずれも労働者の利益に反するような映画の制作に従事することを組合規則により禁止されるが、この規則はさらにファシズム擁護の危惧がある映画についても適用される。その結果、先般ナチ攻撃映画である米国のドイツ・スパイの活動を映画化する際、関係俳優はナチ突撃隊並びにヒトラーの役割を演ずることを好まなかったため、これを納得させるのに困難を感じたほどであると言われる。

またギルド加盟のハリウッド著名の俳優五十名はナチ反対、共産主義的デモクラシー擁護のためDeclaration of Democratic Independence（民主的独立宣言）という宣言に署名し、これを全米に撒布《さっぷ》しナチおよび枢軸諸国の蛮行を阻止するため、この宣言に全米で二千万人の署名を集めることに努めた（本年《一九三九年》春のことである）》

しかも映画界への工作は、前述した「米国作家連盟」を通じても行われていた。映画の脚本を書くのは作家だからだ。

《活動写真に対する共産党の支配は左翼作家団体と密接な連絡の下に行われており、これは一九三九年六月初旬ニューヨーク市において開催された米国作家連盟（リーグ・オブ・アメリカン・ライターズ）の第三回会議における活動写真筋書問題の関係者会議におけるD・O・スチュワートの演説によっても明らかである。

つまり「教育の手段として活動写真を把握することは作家の任務である」と言っているが、同人の「教育」とは「反ナチ、共産主義的デモクラシーの宣伝」にあることはもちろんであり、このようないわゆる教育的フィルムとして"Confessions of a Nazi Spy"、"Blockade（スペイン共産政府の宣伝）"、"Marie Antoinette（ソ連製のフィルムである"New Gulliver"同様王室を嘲笑したもの）"などを意味する。

さらに同人はハリウッドにおける進歩的団体（例えばHollywood Anti-Nazi Leagueのような）の重要性は作家、俳優および監督が映画の中に自己の希望するメッセージを自由に含ませることができると共に、映画を反動目的のためまたは反動団体により利用されることを防止できることにあると言っていることに照らし合わせれば、作家が活動写真をいかに重要視し、かつこれを宣伝の具に利用しているのかを知ることができる。
Hollywood Anti-Nazi League は共産党外郭団体であって会員約六千名、うち二百五十名は米国作家連盟会員であり、ハリウッドにおいて活動写真ならびにラジオ放送用の宣伝的筋書の作成に専念している》

もちろん、米国共産党に同調した脚本家たちはそれほど多くなかっただろうが、デモクラシー擁護、ファシズム反対という空気の中で、映画が製作されるようになった。

このハリウッド映画界に対する共産党の浸透については、一九五〇年になって、マッカーシー上院議員たちがようやく問題視したのだが、それよりも十年以上も前に、日本外務省は、ハリウッドに対する浸透状況をある程度、把握していたのである。

このほか、『調書』では、ラジオ、美術界、音楽界に対する工作についても詳述している。関心のある方は『米国共産党調書』（育鵬社）をご覧いただきたい。

# 第九章

# 反日宣伝を繰り広げたキリスト教・平和団体

## 米国の「米国共産党研究」の「空白」

この『米国共産党調書』の中でも特に目を惹くのが、「宗教に対するフラクション部の特別工作」（第三章第十節第五項第四）と題する、宗教団体に対する内部穿孔工作の実態だ。

一九三〇年代の米国における宗教団体や平和団体などに対する米国共産党の「内部穿孔工作」について、世界的に見てもこの『調書』ほど詳しい分析は存在しないと言ってよい。

その理由はいくつかある。

第一に、当時、米国共産党について調査を担当していたＦＢＩにとっての関心事は、政治家、政府、そして政治系のシンクタンクへのスパイ活動や、労働組合のストライキなどの「違法行為」であって、一般の宗教団体や平和団体への浸透工作ではなかった。当時、米国共産党の活動は合法であり、宗教団体や平和団体と連携することは違法ではなかったからだ。

第二に、「ヴェノナ文書」などによって、ソ連・コミンテルン、そして米国共産党のスパイ工作についての研究が一九九五年以降、米国で進んでいる。この「ヴェノナ文書」は基本的に一九四〇年以降の暗号電報を傍受・解読したものである。このため、一九四〇年以降のソ連・コミンテルンの対米工作についての研究は進んでいる。言い換えると、一九四〇年より前のソ連・コミンテルン、米国共産党の活動についての研究はさほど進んでいない。

第三に、一九九二年にロシアで公開された「リッツキドニー文書」によって、米国共産党とソ連・コミンテルンの関係についての研究・分析は進んでいるが、その研究者も決して多いわけではない。そのため、米国共産党と宗教・平和団体との関係まで手が及んでいない。以上のような理由で、米国では、米国共産党による宗教・平和団体工作についてほとんど研究されていないわけだが、この工作は日本にとっては極めて重要なのだ。

前述したように、一九三〇年代に米国では、日本の中国「侵略」を批判する反日宣伝活動が大々的に繰り広げられ、結果的にルーズヴェルト政権が反日親中政策を取ることになった。これは反日宣伝活動を推進した団体の多くが、米国共産党によって影響を受けていたか、操られていたからである。

だからこそ日本外務省は当時、米国における反日宣伝活動を繰り広げる団体について徹底的に調べ、このような『米国共産党調書』を作成したわけだ。

よって、この『調書』は米国だけでなく、世界における米国共産党研究の「空白」を埋める重要な資料でもあるのだ。そうした貴重な資料が日本にあることを世界の共産主義研究者が知ったら、驚くに違いない。

## キリスト教敵視政策の転換

『調書』は宗教団体に対する内部穿孔工作の目的とその効果について、まずこう説明している。

《マルキシズムの対宗教理論に照らし合わせれば、共産党が世界有数のキリスト教団である米国市民をソ連防衛または社会改造目的のために利用するには、まずその反宗教政策をカムフラージュし、さらに教会指導者を味方に引き入れることが絶対要件である。

このため米国共産党は、コミンテルンとも折衝を重ねた結果、その反宗教政策を緩和すると共に、さらに党本部フラクション部内に教会委員会を設置し、特別工作を行ったところ、その結果、平和問題、ファシズム反対等の共同戦線運動に関して、予期していなかった効果を挙げている。

そしてフラクション部内における教会委員会の設置は、前出労働組合に対する工作と相並んで、一般フラクション工作のうち、宗教問題に特に関心を払われつつある事実を示すものである》

最大のポイントは、熱心なキリスト教徒である米国市民を「ソ連防衛」、つまり反ドイツ反日へと誘導するために、宗教を敵視する共産主義理論を一時棚上げし、宗教団体関係者を引き込もうとしたところ、《予期していなかった効果を挙げている》ということだ。

それでは、米国共産党はどうやって宗教団体を引き込むことに成功したのか。

主に二つの要因があった。

一つは、コミンテルンがキリスト教「敵視」政策の転換を容認したことである。そもそも共産主義は、宗教、特にキリスト教を敵視するイデオロギーだ。そしてロシア革命においてソ連共産党は、キリスト教会を敵視しその財産を没収することで革命政府の財政を成立させていた。

このため米国共産党も当初、宗教、特にキリスト教を敵視していたが、それは世界有数のキリスト教国である米国民の反感を買うことになった。

そこで米国共産党は一九二三年頃より、反宗教運動を一時的に中止しようとしたが、コミンテルンはなかなか米国共産党の言い分を認めず、反宗教運動の停止も認めようとしなかった。

だが、西側資本主義国の実態を深く知るにつれ、コミンテルンも態度を軟化させ、米国共産党の「宗教攻撃一時停止政策」を受け入れるようになった。その経緯を『調書』はこう指摘している。

《一、反宗教政策の緩和

本来共産党の反宗教運動は「宗教は民族の阿片である」とのマルクス理論に基づいて、宗教を公然と攻撃する形に出ていたが、米国において公然と宗教を攻撃するときは、党の主目的である資本主義破壊へ進む道程に、一大障碍《しょうがい》をきたすことは明らかである。

よって米国共産党は一九二三年ごろから、その反宗教運動を緩和したが、これは反宗教運動の一時的中止に過ぎず、そしてこの政策の転換により反戦運動に興味を持つ自由主義的牧師等と妥協し、彼らの自由主義的、平和主義的、人道主義的関心をソ連防衛または階級闘争運動に利用しようと企図した。

するとコミンテルンは、一九二三年より一九三〇年の間、宗教に対する直接攻撃の緩和に共鳴しなかったのみか、これを是認することも好まなかった。

しかしデモクラシー諸国におけるキリスト教の勢力が、ロシアにおいてボルシェヴィズムに容易に征服されたキリスト教のそれとは全然趣を異にすることを漸次認めざるを得ず、ついにコミンテルンは資本主義に対する闘争の一部としての宗教攻撃を、一時中止する政策に同意することの已《や》むなきに至った》

米国共産党の宗教団体工作が成功したもう一つの要因は、大恐慌と内部穿孔工作の採用だ。一九二九年の大恐慌によって失業者が街に溢れるようになると、アメリカのプロテスタント宗派は社会主義に共鳴し、労働争議に理解を示すようになっていく。

《一九三〇年、カナダ合同教会（メソジスト教会が改称したもの）はトロント会議を開き、「イエス・キリストの教えの適用は資本主義制度の終焉を意味する、というのがわれわれの信念である」という言葉を含む宣言を発表している。大恐慌がもたらした惨状がすぐに資本主義の廃止に結びつく発想は、今日のわれわれからは短絡に思えるかもしれないが、第一次大戦後の生産力の発展を目の当たりにし、永遠の繁栄が疑われもしなかった「二〇年代」のあとゆえ、衝撃は大きかったのである。現在に比べれば社会福祉も、国家による経済活動への介入も非常に少なかったこの時点で、あまりにも極端な経済的不平等、民衆の生活の悲惨さの解決は、急進主義にとって焦眉《しょうび》の急《きゅう》であった》（中野利子著『外交官E・H・ノーマン』新潮文庫）

そこで一九三三年、米国共産党は内部穿孔工作を担当する「フラクション部」に「キリスト教教会委員会（Church Committee）」を設置し、プロテスタント宗派に対して工作を強化したところ、急速に影響力が拡大することになった。『調書』はこう指摘する。

《米国におけるプロテスタント宗派は、その間社会主義に共鳴する態度を執り、労働争議に対する干渉、反資本主義的意見表示、ソ連承認、反戦思想等を支持しており、こうして一九三三年、共産党が内部穿孔戦術を採用するに及んで、プロテスタント宗派は、自由主義団体および宗教団体全部に対する共産党の「内部穿孔」戦術の最も有力な機関となった。（中略）

二、キリスト教教会委員会（Church Committee）

共産党は、プロテスタント全教派内におけるその工作を指導強化するため、フラクション部内に教会委員会を組織している。

これは諮問《しもん》機関であると共に教会関係フェロー・トラベラーに対する、本部の連絡および指導を強化する役割を演じるものとする。そして共産党組織内においても、本委員会の存在は特に秘密を保持されているものの一つである。（中略）

共産主義がメソジスト、Protestant Episcopal および Congregational and Christian 教会内に、深く侵蝕していると思われる場合、それはこれら教派内の全部門、つまり社会政策部、宣伝部、青年部等に共産党の影響が伸張していることを意味するものであり、これら教派の全活動事業が共産主義の病毒にかかるものということができる。（中略）

ただしローマ・カソリック宗派は、依然共産主義の害毒に対し、反対を継続している》

ローマ教皇を戴くカトリック宗派は当時、共産主義イデオロギーを敵視しており、ソ連・コミンテルンの内部穿孔工作をかなり警戒していた。そのため、同じキリスト教団体でも、カトリック系だけは当時、米国共産党の工作を阻止できていた。

## 秘密組織「キリスト教教会委員会」

この米国共産党フラクション部の秘密組織「キリスト教教会委員会」で注目すべきことは、所属する宗教団体幹部の中に、「アメリカ平和民主主義連盟」の幹部も兼任している者がいたことだ。

アメリカ平和民主主義連盟の幹部は、米国のキリスト教団体の幹部でありながら同時に、米国共産党の秘密組織に所属していたということになる。彼らは、宗教を敵視する共産主義には同調できずとも、ナチス・ドイツや日本といった「ファシズム国家」の「侵略」を人道的な立場から批判することについては、ためらいがなかったということだ。

だが、表面的には、米国のキリスト教団体の幹部が人道的な立場から日本の中国「侵略」を批判しているかのように見える。

すると、「米国だってフィリピンを始めとしてアジアを侵略してきたのに、日本のことを非難するとはけしからん」と短絡的に反発し、反米感情を募らせる人たちが日本側にも増えていく。そうやって日米対立を煽り、米国を使って日本を叩き、ソ連を守ろうというのが米国共産党の狙いであった。

こうした米国共産党による宗教団体工作を受けて、プロテスタント宗派全体を取りまとめる米国共産党のフロント団体も設立されていた。「国民平和会議（National Peace Conference）」という。その目的は、失業者や高齢者の救済、黒人に対する支援、農地改良とスラム街の改善などで、約四十二のプロテスタント団体が加盟した。『調書』では、「キリスト教内における共産党の活動」という項を立てて次のように指摘する。

《(一) プロテスタント宗派内における左傾運動

目下フェロー・トラベラーおよび共産党フラクション部員の役割を演じている前掲プロテスタント宗派の牧師等が、左傾運動に最初参加したのは、コミンテルンが現在の内部穿孔戦術の実行を命じた時よりも、少なくとも十年前にさかのぼるものである。

なお、また前記プロテスタント牧師および共産党主要人物間の関係は、大部分、国民平和会議を構成する各種の平和団体において結ばれたものであり、この国民平和会議は共産党の影響を各様に蒙《こうむ》る所属団体、約四十二より構成されている。

（註）平和運動に関して、共産党員と親密な関係にあった前掲牧師等は、また同時に失業者および老年者救済、黒人に対する社会的、経済的、文化的平和待遇、教育施設増加、農園地改良並びに貧民窟撤廃等の社会改造論を主張している自由主義的教会団体内における指導的人物だった》

この四十二ものプロテスタント系団体によって構成された国民平和会議を実質的に動かしていたのが、「産業民主化のためのキリスト教会連盟（Church League for Industrial Democracy）」で、実に二十二教派、三千万人に影響を与えることができたという。

《（二）プロテスタント内における左傾運動中心団体

プロテスタント各教派内における既成自由主義団体のうち、共産主義運動を支持している諸団体は次の通り。

産業民主化のためのキリスト教会連盟（the Protestant Episcopal Church 教派）

The Methodist Federation for Social Service（the Methodist Church 教派）

Council for Social Action（the Congregational and Christian Church 教派）

（1）産業民主化のためのキリスト教会連盟およびMethodist Federation for Social Service

この二団体は、二十二のプロテスタント教派の綱領および活動を統合する機関であるFederal Council of Churches of Christ in America（その勢力は二十二教派の三千万名に及ぶ）に所属する団体であるが、由来この二教派はFederal Council of Churches内における左傾的かつ支配的勢力を持っている。

これら二団体の左傾牧師等はFederal Council of Churchesの指導的地位を独占すると共に、共産党「共同戦線」運動の骨子をなす諸団体内における党フラクション部員として活動している。主要なフェロー・トラベラーの六十％は、メソジスト教派およびProtestant Episcopal教派の牧師であるか、そうでなければ同教派の信者である》

大恐慌とナチスによるユダヤ系の弾圧、そして中国大陸での戦争を背景に、反「資本主義」、反ナチス、反日本、日中戦争反対といったスローガンに惹かれ、米国のプロテスタント系が米国共産党に同調していったわけだ。

ただし、「アメリカ平和民主主義連盟」などは、表向きは純然たる平和団体、人道団体であり、その幹部もキリスト教団体や労働組合幹部、そして知識人たちであり、米国共産党との直接の関係はなかった。そのため、この団体に参加していた人々の大半は、自分たちが米国共産党に操られていたとは思っていなかったに違いない。

## YMCAも主要工作対象

政党活動が発展できるかどうかを占う上で、ひとつの指標となるのが、青年たちの参加だ。多くの青年たちを巻き込むことができれば、その政党活動はより活発に、より魅力的になっていく。青年たちが多く参加する会合は、多くの人を惹きつけるからだ。

だからこそ米国共産党は、プロテスタント系の青年団体「ＹＭＣＡ」と「ＹＷＣＡ」に対する工作も重視した。具体的には、カトリックへの反発を煽りつつ、アメリカ共産党のフロント団体「アメリカ学生ユニオン（American Student Union）」や「アメリカ青年会議（American Young Congress）」などと共に反戦平和運動に取り組むことによって巻き込んでいったのだ。『調書』は「プロテスタント内における左傾運動中心団体」の項で、次のように記している。

《（3）ＹＭＣＡおよびＹＷＣＡ

共産党のYoung Men's Christian Association（ＹＭＣＡ）およびYoung Women's Christian Association（ＹＷＣＡ）の内部穿孔工作、並びにその効果に言及しなければ、宗

教界における米国共産党の工作に関する報告は完全とは言えない。

このＹＭＣＡおよびＹＷＣＡは共にプロテスタントの支配する団体であり、そのいずれもカソリック教徒の入会を禁じてはいないが、カソリック教徒はＹＭＣＡおよびＹＷＣＡ内のプロテスタント教徒の優勢を認めているために、これに加入する者は少ない。そしてＹＭＣＡおよびＹＷＣＡのディレクター等は、事実カソリック教徒の入会を勧誘する努力をしておらず、これはおそらくプロテスタントによるＹＭＣＡおよびＹＷＣＡの支配力を弱めないようにするためである。

ＹＭＣＡおよびＹＷＣＡは共に共産党、ヤング・コミュニスト・リーグ並びにAmerican Student Union およびAmerican Young Congress 等の外郭団体と度々協力活動している。共産党が宗教、殊《こと》にプロテスタントに対する攻撃を巧みに潤色しているため、ＹＭＣＡおよびＹＷＣＡは共産党の政策に従う上に、なんらの困難を感じず、また共産党は共産主義に対し頑強に反対して来たカソリックの勢力を出来る限り崩壊させ、かつその信用を失墜させようとして、カソリックに対するプロテスタントの嫉妬を巧みに利用している。

ＹＭＣＡおよびＹＷＣＡの行政部幹部の地位は、左傾教派団体もしくはアメリカ平和民主主義連盟のような外郭団体内において有力な党フェロー・トラベラーをもって充たされており、またこの幹部等であり共産党員である場合も二、三ある》

このプロテスタント系に対する内部穿孔工作の影響は、絶大であった。

何しろキリスト教の信仰がまだまだ強く、日曜日には家族揃って礼拝に行く時代だ。教会に行った際に、牧師や教会の指導者たちが失業者救済や反戦平和の名の下に、社会主義を語り、米国共産党主導の「反戦平和」集会への参加を呼びかけるようになったのだ。

特に一九三七年の日中戦争以降、米国共産党はプロテスタント各派を通じて、「残虐な日本軍によって殺される中国の子供を救おう」という募金活動を展開し、瞬く間に「残虐な日本軍と、可哀想な中国人」というイメージが広がってしまった。

ちなみに、このＹＭＣＡ執行部の一人であり、米国共産党のシンパとして当時から知られていたのが、中国ＹＭＣＡ書記長だったジョージ・フィッチ（George Fitch）である。

当然、『調書』においてもＹＭＣＡ執行幹部のうち共産党の同調者（シンパ）として実名が記されているフィッチは、一九三七年十二月の南京攻略戦時、日中両軍の戦闘による被害から一般市民を保護するため設置された「南京安全区国際委員会」の一員であり、「南京大虐殺」を宣伝した主要メンバーだ。

具体的には、一九三八年二月末、「南京大虐殺」の模様を撮影したとされるフィルム（マギー・フィルム）を持って南京を脱出し、米国各地でこのフィルムの上映を行い、「南京大虐殺」

を宣伝した。また、いわゆる南京大虐殺の証拠と言われている証言本*What War Means: The Japanese Terror in China*（『戦争とは何か——中国における日本の暴虐』）の共著者の一人であり、東京裁判に対して、「南京大虐殺があった」とする口述書を提出した人物だ。

戦前の米国における反日宣伝の背後に、米国共産党の工作があったわけだ。その関連性を調べる上で、具体的な団体名と人名が明記されているこの『調査』は、情報の宝庫と言えよう。

## 米国共産党の影響下にある主要六十八団体

実際にこの『調書』には、一九三九年の時点で《党フラクションの活動により、その政策に若干の影響を受けている団体、および完全に支配されて共産党外郭団体としての任務を果たしている団体》のうち、《共産党の支配力が比較的大きい》六十八もの団体のリストが掲載されている。

具体的には団体名、本部住所、幹部名、そして米国共産党との関係なども付記されている。現在も存続している団体もあり、補足しながら、そのリストの一部を紹介したい。

例えば、「アメリカ自由人権協会（American Civil Liberties Union）」は現存しており、現在でも米国を代表する人権団体だ。ただし一九四〇年にロジャー・ボールドウィン（Roger N.

Baldwin）が、共産党員の排除を掲げたため、共産党との関係は一時的に途絶えた。ちなみにこのボールドウィンとアメリカ自由人権協会は戦後、米軍占領下の沖縄の人権について調査し、沖縄の日本復帰を促す報告書を出した人物としても有名である。

これから紹介する五つの団体は一九三九年当時、日本の中国「侵略」を批判していた反日宣伝団体だ。

### ○日本の中国侵略に加担しない米国委員会（American Committee for Non-Participation in Japanese Aggression）

米国を代表する著名人たちが集まった国民運動団体である。ここで紹介される人名は日本ではほとんど紹介されていない。

《教育家、牧師、著述家、記者等多数の名士を支持者および全国幹部会員として持っているが、この名士は積極的に活動することなく、真の黒幕はフェロー・トラベラーおよび隠れた党員である。（中略）

なおアール・リーフは、既報のごとくチャイナ・インフォメーション・サーヴィスの幹部であり、親支反日宣伝の主要人物であるが、同人の本団体に対する関係が昨年来ダイス委員会にて曝露されたため、同人の名は全国理事名簿より削除された》

○日本の侵略に対抗して対日ボイコットを推進する委員会（Committee For Boycott Against Japanese Aggression）

《共産党による日本製品ボイコット運動組織工作は、党員Robert Nortonに一任されている。

本団体の工作は、労働組合および婦人団体等を支配して日本製品ボイコットの決議をさせることである。その具体的方策としては、まずＹＷＣＡのような団体内における共産党フラクション員が当該団体に日本絹ボイコットの決議を通過させ、続いてこの事実を出来る限り広く宣伝するものである。

同時に本団体はまた、日本製品ボイコットに賛同する各種団体より寄付を募り、これを当国および中米諸国内における日本製品ボイコット宣伝費に充てるものとする。事実ロバート・ノートンは昨年中米諸国に数カ月滞在して、反日ボイコット運動組織を工作した》

これは米国及び中米諸国が対日経済制裁に踏み切るように宣伝とロビー活動を推進する団体で、その活動は米国共産党員のロバート・ノートンが仕切っていた。

○中国の戦争孤児たちのための米国委員会（American Committee For Chinese War Orphans）

《戦争による支那児童の惨めな死体、あるいは傷者等の写真を掲げる宣伝文献を配布することにより、一般米人の同情に訴え、かつこれを利用して教会およびクラブなどにおいて義援金募集慈善会を開催し、義援金を募集すると同時に、反日宣伝の目的を果たそうとするものである》

この団体は、「残虐な日本軍の攻撃によって殺された中国人の子供たちや孤児たち」の写真を街頭やキリスト教会に展示し、反日と中国人救済の世論を喚起したわけだ。

○中国のための医療支援局（America Bureau For Medical Aid to China）

《共産党支配の下にシナ人の薬療基金を募集するが、その大部は当国内において共産党の支那関係の宣伝費にあてている。本団の代表的人物はウォルター・ジャッドであるが、同人はかつて医療宣教師としてシナに赴《おもむ》いたが、その間第八路《はちろ》軍（中国共産党軍）と密接な関係を結び、帰米後これを絶賛宣伝している》

この団体は、日本の中国「侵略」でケガをした中国人たちを助けようというキャンペーン活動を繰り広げた。ここで登場するウォルター・ジャッドは後に一九四三年から一九六三年まで共和党の下院議員（ミネソタ州選出）を務めた政治家で、自由と民主主義を守るために米国は世界各国の紛争に関与すべきだという立場であった。

○中国救援のためのキリスト教会委員会（The Church Committee For China Relief）

中国大陸での難民救援を目的としたプロテスタント系の人道団体である。

《本団体はプロテスタント二十二派の連合からなるThe Federal Council of Churches of Christ in Americaによるシナ難民救済団体であるが、前掲諸団体に比べれば米国共産党の支配は少ない。この二十二教派の過半が、シナ人救済事業に各自従事しているため、この救済運動の能率を向上する目的の下に本団体が設立されたものである。ゆえに義援金の取り扱いに関しては、前記諸団体とは違い、全部戦禍避難民に送付している。最近の報告によれば過去一ヵ年において既に送付された金額は二一万三六八一米ドルに達したが、この他さらに三万二八〇六ドルが追加拠金された》

日本の中国「侵略」を批判しているからと言って、すべてが共産党系ということではない、ということだ。確かに米国共産党は、内部穿孔工作で労働組合やキリスト教団体などを次々に乗っ取っていったが、それは、労働組合員やキリスト教団体に所属する聖職者たちを「共産党員」にしたわけではない。あくまでナチス反対、反日親中といった特定の政治方針を賛同するよう誘導したに過ぎない。

ちなみにエドガー・フーヴァーFBI元長官は、共産主義運動に関与する人物を次の五つに分類している。

○公然の党員

○非公然の党員

○同伴者（フェロー・トラベラー）……共産党が示した特定の問題についての対応や解決策への強い共感から、共産党のための活動をする非共産党員。

○機会主義者（Opportunists）……選挙での票や賄賂といった個人的な利益のため、一時的に共産主義者たちと協力する人たち。

○デュープス（Dupes）……間抜け、騙されやすい人々という意味。明確な意思を持って共産党のために活動をする人々ではなく、ソ連やコミンテルンによって運営される政党やフロント組織が訴える普遍的な〝正義〟に対して情緒的な共感を抱き、知らず知らずのうちに共産党に利用されている人々。

米国共産党は、労働組合や宗教団体の中に、自分たちの活動に同調する「同伴者」や「機会主義者」、そして「デュープス」を作ることで、その団体をコントロールしようとしたのである。

そして、このような団体操縦法を駆使するがゆえに、共産党員が決して多くなくても、その影響は極めて大きくなることになる。言い換えれば、こうした手法をとるがゆえに、共産党員だけが敵だと思い込むと、見事にしてやられることになる。実際に米国の労働組合やキリスト教団体の多くが日本を敵視するようになり、日米対立から日米戦争へと発展していったわけである。

米国内での反日宣伝が日米関係にどのような悪影響をもたらしたのかという観点でも、近現代史を見直していきたいものである。

# 第十章

# 第二次大戦後、明らかになった対米秘密工作

## 反日宣伝の背景に内部穿孔工作

本書では『米国共産党調書』を通して米国共産党の活動を詳細に見てきたが、では、彼らが内部穿孔工作によって多くの団体を乗っ取ったのは何のためか。モスクワの指示を踏まえて、ソ連に敵対するドイツや日本に対する反対運動を拡大するためであった。『調書』はこう指摘する。

《現在米国におけるデモクラシー、自由および平和を追求するおよそ百の諸団体、労働組合、文化および教育施設、新教各派教会等はいずれも内部的に侵蝕され、会員の多数が意識していない間に、当該団体は共産党の政策方針に追随する政策方針を決定している。

こうして共産党は現在米国におけるファシズム反対、デモクラシー擁護、侵略国に対する軍需品供給反対等の全国的運動の中心的原動力、またはこれに関係ある諸団体の参謀本部の役割を演じる地位にある》

かくしてナチス・ドイツに対する反対運動、日本、特にシナ事変以降、日本の中国「侵略」に反対し、対日禁輸・経済制裁を唱える運動が米国の各種団体によって推進されたのだが、これらの団体は、《会員の多数が意識していない間に》米国共産党の方針に従って動くようになってしまったのだ。

米国共産党は党員数こそ少ないものの、いまや米国世論を動かす存在になりつつあるとして、『調書』はこう警告していた。

《米国共産党の勢力は、正規党員七万五千に対し、いわゆる共同戦線工作に関する限り、数十倍ないし数百倍の世論を左右している。

この具体的一例としては、本年の連邦議会に対する共産党外郭団体のアメリカ平和民主主義連盟の工作にかかる対日軍需品禁輸陳情運動を挙げることができる。

この陳情は新聞の報道によれば、五千万の米国市民を包含する各種団体の代表者の署名を集めたと主張しているところ、この各種団体を構成する五千万の市民が、全部これに同意しているわけではないことはもちろんである。関係各団体はその会員として潜入している一握りの共産党員の必死的不断の工作により、それぞれこの陳情支持の決議を採決し、これに基づき代表者の署名となったものである。だが、ともかく形式的に見るときは五千万の市民が、対日禁輸を支持しているような印象を与えるため、また共産党としてはこれにて十分目的を達する次第である》

二年目に入ったシナ事変への抗議の意味合いから、「アメリカ平和民主主義連盟」は一九三九年、各種団体を巻き込んで、対日禁輸、つまり経済制裁の陳情運動を行った。

この陳情運動について、報道だけを見ていると、あたかも五千万の米国市民が日本の中国「侵略」に反対して、対日経済制裁に賛成しているかのように見える。だが、実際は、米国共産党によって操られている各種団体の代表者が対日禁輸を支持したに過ぎない。《この各種団体を構成する五千万の市民が、全部これに同意しているわけではない》のであって、日本政府は米国共産党の反日宣伝工作に騙されないようにしてもらいたいと、外務省は訴えたのだ。

米国のマスコミ報道に過剰反応して、米国世論全体は反日的だなどと思い込むことは、日米分断工作を仕掛けているソ連・コミンテルンの思うつぼだと警告したのである。

私は常々「米国は一枚岩ではない」として、日米のマスコミが報じる「反日の米国」だけが米国ではないことを訴え続けているが、戦前の日本外務省がこうした分析をしていることに深い感銘を覚えずにはいられない。

## 独ソ不可侵条約が米国共産党に与えたダメージ

ところが一九三九年八月、米国共産党にとって思わぬ事態が発生した。ソ連が突如としてナチス・ドイツと独ソ不可侵条約を締結し、その翌月九月にポーランドに対する「侵略」に踏み切ったのだ。

ナチス・ドイツに反対していたからこそソ連と共産党を支持していた英国、そして米国の自由主義者や平和主義者たちは、ソ連・共産党と一線を画すようになっていく。

当然のことながら、ソ連の行動を弁護する米国共産党も、米国内で急速に支持を失っていった。その様子を『調書』は次のように描いている。

《スターリン＝ヒトラー協定の結果、米国共産党は、幾千の党員および幾万のフェロー・トラベラー（註・共産党の同調者たちのこと）を失いつつあるが、一方、従来共産党の政策に協力して来た自由主義者および平和主義者の幻滅もまた極めて大きい。

さらに共産主義を信奉することにより、ナチス・ドイツに対する共同戦線運動を成功させる希望を持って、多年陰に陽に共産党を支持して来たユダヤ人に、今後共産党を脱退あるいは共同戦線運動を離れる者、幾千を数えるに至るだろう》

往々にしてソ連や米国共産党を支持する人たちを「共産主義者だ」と決めつけがちだ。だが、このときの日本外務省は、共産党の活動を支持したシンパたちは、あくまでナチス反対の立場から米国共産党の活動を支持してきただけであって、ソ連がナチスと組んだ以上、彼らは共産党から離れていくだろうと、分析したわけだ。

米国共産党には多くのユダヤ人が参加していたが、その理由もまた共産党がナチス反対を唱えていたからであり、多くのユダヤ人もまた独ソ不可侵条約締結を機に離れていくと分析しているのも興味深い。

《現在、共産党全国委員会委員の絶対多数を占めているのはユダヤ人であるが、ソ連邦がナチス・ドイツを実際に援助することが明瞭になった時、このうちどのくらいの人が脱党するのかは、しばらく事態の推移を俟《ま》たなければ予測できないが、だいたいは反ナチスであるから、党およびその外郭団体と行動を共にしてきたユダヤ人並びにその他の左翼分子は、少しずつ社会党または第四インターの陣営に傾くものと思われる。

さらに一般世論並びに官辺の共産運動に対する態度は、独ソの同盟的関係が進展すれば、急激な変化を蒙《こうむ》ることはもちろんである》

ナチス・ドイツに反対していたからこそ、ソ連と米国共産党は「デモクラシー擁護」の名目でリベラル派や平和団体、そしてユダヤ系の支持を獲得できていたのであって、ナチス・

ドイツと組んでしまった以上、米国共産党による内部穿孔工作もいずれ失速していくだろうと、日本外務省は「予測」したわけだ。

その予測通り、米国共産党はユダヤ系の支持を失い、党員を減らしただけでなく、米国共産党主導の平和団体の活動も低迷していく。

一九三九年時点での、この日本外務省の分析・予測はほぼ当たった。クレアたちは、独ソ不可侵条約締結後の米国共産党の衰退ぶりを次のように描いている。

《人民戦線の勝利は、反ファシズムという政策がその基礎にあったためである。1939年、スターリンは、外交政策の転換を行い、ヒトラーとの関係を対決から融和へと切り替えた。この二人の独裁者が東ヨーロッパを分割した。ヒトラーは西ポーランド、ラトビア、リトアニア、エストニア、ルーマニアの一部を併合した。

独ソ不可侵条約が1939年に調印されると、ヒトラーはソビエトの中立をあてにしてポーランドに侵攻し、第二次世界大戦がはじまった。

独ソ不可侵条約により、アメリカ合衆国共産党は反ナチ外交政策の支持を断念し、苦境にあるヨーロッパの民主主義勢力に支援を続けているという理由でルーズベルトを主戦論者だと非難しなければならなくなった。1930年代にあれほど苦労して作り上げた人民戦線の諸団体は、共産党の新しい政策の重みに耐えかね、つぎつぎと瓦解していった。

アメリカ作家連盟は著名なメンバーが多数脱退したため、レターヘッドを廃棄しなければならなくなった。多くのリベラルなメンバーが平和・民主主義・アメリカ連盟American League for Peace and Democracy（以前の反戦・反ファシズム・アメリカ連盟）から脱退したため、この団体は解散した。数千人のメンバーが、失望してアメリカ合衆国共産党から離党した》（『アメリカ共産党とコミンテルン』）

あれほどの勢力を誇った「平和・民主主義・アメリカ連盟（＝アメリカ平和民主主義連盟）」も、独ソ不可侵条約により多くのリベラルなメンバーが脱退したため、解散に追い込まれてしまった。

そして米国共産党も、強い影響力を持った米国、英国におけるユダヤ系の資本家や知識人たちの支持を失い、以後、失速してしまったのである。

以上のように一九九五年に米国で発刊されたクレアたちの米国共産党研究などと照らし合わせると、一九三九年時点での分析であるにもかかわらず、当時の日本外務省の分析は現在でも十分通用するものであることが理解できよう。

米国のＦＢＩとも連携していたと思われるが、当時の日本外務省は国際共産主義運動を危険視、批判する「だけ」でなく、国際共産主義運動がいかなる方向に進もうとしていたのか、その成果と課題を実に詳しく分析していた。

米国共産党とコミンテルンに関する調査・分析において、当時の日本外務省の能力は世界でもトップクラスであったと言えよう。

余談ながら、独ソ不可侵条約の締結によって失速した米国共産党の活動が再び息を吹き返すのは、一九四一年六月二十二日に開始されたドイツによるソ連奇襲攻撃「バルバロッサ作戦」の発動によって、ソ連が再びナチス・ドイツと敵対するようになってからである。

独ソ戦の勃発によってルーズヴェルト政権、ユダヤ系資本と知識人、そして米国共産党が再び反「ナチス・ドイツ」で連携を再開したわずか半年後に、日本は真珠湾攻撃に踏み切った。この真珠湾攻撃のおかげで、ソ連は「反ナチス、反日」を大義名分にアメリカ、イギリスと手を組むことに成功する。

第二次世界大戦の当初「侵略国家」として非難されていたソ連と、英米両国とを結び付けたのは、ナチスと日本だったわけだ。この視点は、第二次世界大戦史を考える上で必ず理解しておきたいポイントだ。

独ソ不可侵条約締結後も米国共産党は、シナ事変の長期化に伴う反日宣伝工作だけは継続していくことになった。『調書』もこう警告している。

《なお最後に注意すべきは、ファシズム排撃、デモクラシー擁護のスローガンでは、もはやソ連防衛の目的を達せない米国共産党は、ソ連の主たる敵国――おそらく日本一国となる――に対し攻撃を集中し、対日経済制裁運動工作に専心することと思われる》

一九三九年秋の時点で日本外務省は、米国共産党が日本を対象とした反日宣伝工作を仕掛けてくることになると予測した。

ところが、その予測をあざ笑うように、日本政府はその後、日米対立を引き起こす方向へと進んでいく。

実は米国共産党主導の対日禁輸運動が盛り上がる中、一九三九年七月二十六日、ルーズヴェルト政権は、「日本の中国侵略に抗議する」として日米通商航海条約の廃棄を通告している。ある意味、米国共産党による反日宣伝、日米分断工作が功を奏したとも言えなくもない。

翌一九四〇年（昭和十五年）一月二十六日、同条約は失効し、日米間は「無条約時代」に入った。そして七月二十二日、第二次近衛内閣が成立すると、大本営政府連絡会議において対米戦争も想定に入った「世界情勢ノ推移ニ伴フ時局処理要綱」を決定する。

そして九月二十七日、日独伊三国同盟を締結したのだ。これによってナチス・ドイツに反発するユダヤ系や平和団体、労働団体は再び米国共産党の反日宣伝に呼応し、反日世論形成へと動き出すことになっていく。

日独伊三国同盟にはいろいろな思惑があっただろうが、少なくとも米国世論を反日へと追いやり、米国共産党の反日宣伝工作を助長してしまったことだけは確かだ。

## 『米国共産党調書』の正しさを立証した下院非米活動委員会

約二万人もの秘密工作員を含む米国共産党員約七万人とその同調者たちが、ルーズヴェルト政権下の米国で暗躍し、米国を親ソ反日反独へと誘導していった。そして、米国共産党の影響力は、一九四一年六月の独ソ戦の勃発と、同年十二月の真珠湾攻撃によって一層、強まることになった。ナチス・ドイツと日本が明確に米国の「敵」になったからだ。

もちろん、ソ連・コミンテルンと米国共産党のスパイ、工作員たちがルーズヴェルト政権、労働組合を含む各種団体に入り込み、乗っ取り工作を仕掛けてきていることに危機感を抱いていた政治家たちも米国には存在した。

だが、第二次世界大戦中、特に真珠湾攻撃以降は、米国とソ連はヒトラー打倒という共通の目的を持つ同盟国であった。このため、同盟国ソ連と、その代理人である米国共産党の活動もある程度、黙認せざるを得なかったし、彼らを取り締まる余裕もなかった。

しかもルーズヴェルト政権は日米戦争後、ソ連が事実上の同盟国になったという理由から、それまで共産党員を政府職員として雇うことを禁じていた法的措置を解除してしまった。

それまでは公務員を採用する際に、「共産党員であるかどうか」だけでなく、「さまざまな共産党のフロント団体に加入しているかどうか」もチェックしていたのだが、就職希望者にそうした質問をすること自体してはいけないことになったのだ。かくしてノーチェックで、共産主義者たちは政府内部に入り込むことができた。

だが、第二次世界大戦が終わり、ドイツと日本を打ち負かすと、ソ連と米国共産党に配慮する必要はなくなった。大統領もソ連に宥和的であったルーズヴェルトに変わって、ハリー・トルーマンに代わっていた。

かくして戦後の一九四六年秋の中間選挙で共和党が勝利すると、米国共産党のスパイ活動を追及していた「下院非米活動委員会（The House Committee on Un-American Activities・HUAC）」の委員長に、共和党のJ・パーネル・トーマス下院議員が就任し、「トーマス委員会」としてその活動を再開することになる。

このトーマス委員会は一九四六年十月、検事総長に書簡を送り、「米国共産党並びにモスクワの指令に基いて米国国内で活動をしている工作員たちは、米国の行政の正常な機能に対する一大障害となっており、政府は直ちにこれを是正すべきである」と述べ、共産党が訴追される理由として次のような点を挙げている。（米国下院非米活動委員会編・時局問題調査会訳『共産主義について知っておかねばならぬ６００事項』立花書房、一九五一年）

一、共産党は外国政府の機関として外国の支配下にあるものであるから検事総長のもとに登録されていなければならない。

二、外国政府機関の一員となっている個人は、国務長官のもとに登録されなければならないのであるが、共産党の役員は誰も登録されていない。

三、共産党及び同党選出議員は上院及び下院の選挙費会計報告を提出すべきことを規定した連邦腐敗防止法にこれまで従っていない。

四、「デイリー・ワーカー」及び「ニュー・マッセス」その他の共産主義の刊行物は第二種郵便物の取扱いを受けているが、これは宣伝物撒布のための郵便利用を禁止する法律に違反している。

五、共産党は多数のフロント団体を持っているが、これらの団体は慈善団体もしくは愛国団体であると主張しているため所得税を免除されている。

こうした連邦議会の動きを受けてトルーマン民主党政権も一九四七年三月二十一日、政府職員に忠誠・機密保持の計画を実施する大統領令第九八三五号を出した。

《国家の安全保障が重大問題となっている今日、「政府内に一人でも不忠誠な、破壊的な人物が存在することは、わが国の民主主義に対する脅威となる」として、「連邦政府に雇用されている人は、合衆国に対して完全で不動の忠誠心を持つことが決定的に重要である」としたこの大統領令に基づいて、「忠誠調査委員会」が設置され、連邦諸機関や国際機関に勤務する全職員を対象として、司法長官が破壊活動と指定した約八〇の団体(一九五一年一一月二九日のリストでは二六一団体に増加していた)と彼らがかかわりないかどうかを含む忠誠審査が実施された。軍人を含む主要政府機関の職員から始まり、国防省や原子力委員会と契約関係にある私企業の従業員、さらに米国内にある国際団体に勤務する米国民まで、約六〇〇万人を対象とする忠誠計画が実施されたのである》(黒川修司著『赤狩り時代の米国大学』中公新書、一九九四年)

この計画で不採用または解雇された者は五百六十人、審査中に自ら志願を撤回または辞職した者は六千八百二十八人にのぼった。

一九三九年に日本外務省が発刊した『米国共産党調書』において指摘された、ルーズヴェルト政権と関連団体に対する大掛かりな内部穿孔工作、スパイ活動は、連邦議会とトルーマン民主党によって事実であることが明確になったわけだ。

だが、こうした「赤狩り」も冤罪であるかのような議論がその後、米国では続いた。

## 『米国共産党調書』の真価がようやく明らかに

ソ連・コミンテルンと米国共産党による大掛かりな対米秘密工作が事実であったことがある程度認められるようになったのは、一九九五年に米国防総省の国家安全保障局が「ヴェノナ文書」を公開し、その研究が進んでからだ。

日本外務省は、ソ連・コミンテルンの対米工作の実態を一九三九年の時点で見抜き、詳細な報告書としてまとめていた。その正しさが米国政府によって追認されたのは一九四七年、つまり七年後のことだ。しかも米国の学会でソ連・コミンテルンの対米秘密工作がある程度、認められるようになったのは一九九五年以降だ。『米国共産党調書』から遅れること、実に五十六年後となる。

インテリジェンス活動というものは結構孤独なもので、同時代の理解者はそれほど多くない。だがその活動の真価は、一定の年月の経過と当時の機密文書の公開によって明らかになってくる。少なくとも『米国共産党調書』に代表される日本外務省のインテリジェンス能力は、当時においては世界でもトップクラスであったと言えよう。

「はじめに」でも指摘したように、現在米国では、ソ連・コミンテルンの秘密工作に「敗北」し、第二次世界大戦後、東欧と中国・北朝鮮を失った痛切な反省に基づいて、ソ連・コミンテルンの秘密工作について研究が進んでいる。

それは、ルーズヴェルト政権を批判するためではない。再び外国の秘密工作、特に国際共産主義の秘密工作に敗北しないためだ。現在も続いている中国共産党政府、ロシア、そして北朝鮮などとのインテリジェンスの戦いに勝利するためだ。

このように過去の歴史を徹底的に検証することを通じて、現在の国際政治、外交の在り方を考えようとする米国に比して、わが日本はどうなのか。

岸田政権は二〇二二年十二月、国家安全保障戦略を策定し、インテリジェンスの重要性をこう明記した。

《我が国の安全保障のための情報に関する能力の強化

健全な民主主義の維持、政府の円滑な意思決定、我が国の効果的な対外発信に密接に関連する情報の分野に関して、我が国の体制と能力を強化する。具体的には、国際社会の動向について、外交・軍事・経済にまたがり幅広く、正確かつ多角的に分析する能力を強化するため、人的情報、公開情報、電波情報、画像情報等、多様な情報源に関する情報収集能力を大幅に強化する。特に、人的情報については、その収集のための体制の充実・強化を図る》

日本もまた、中国共産党政府、ロシア、そして北朝鮮とのインテリジェンスの戦いに勝利するためにも、戦前の内務省、そして日本外務省のインテリジェンス活動を徹底的に研究し、米国と連携して米国内、そして日本国内に対する「秘密工作」と対峙すべきなのである。

## おわりに──若杉要総領事の奮闘

### シベリア出兵、シナ事変、日米交渉に関係した若杉要

『米国共産党調書』作成を主導した若杉要・在ニューヨーク総領事がどういう人物だったのか。『新版　日本外交史辞典』には、こう記されている。

《若杉要　わかすぎ　かなめ　1883～1943、明16～昭18　熊本市に生れる。1906年（明治39）6月上海東亜同文書院商科卒業と同時に外務省に入り、書記生のかたわら米国オレゴン大学、ニューヨーク大学に学ぶ。

17年（大正6）10月外交官試験（第26回）に合格し、上海領事館補を振り出しにイルクーツク、ロサンゼルス領事などを務めたのち、本省情報部第1・第2課長、ロンドン大使館1等書記官、サンフランシスコ総領事、北京大使館参事官、ニューヨーク総領事、駐米公使として活躍した。

この間、ロシア革命当時のシベリア出兵、日中戦争前夜の大陸政策、太平洋戦争防止のための日米交渉などに直接関係した。

とくに41年（昭和16）４月から開始された日米交渉では野村吉三郎大使を補佐してハル（Hull, Cordell）国務長官やウェルズ（Welles, Sumner）国務長官との外交交渉に心血を注いだが、「日米中友好」の宿願は果たせなかった。開戦後、交換船で病身のまま帰国。43年12月9日死去》（外務省外交史料館、日本外交史辞典編纂委員会編『新版　日本外交史辞典』山川出版社、一九九二年）

語学が得意であった若杉は、商業高校卒でありながら外務書記生として外務省に採用され、米国で苦学をしながら外交官試験に合格し、中国の上海と北京、満州のハルビン、ロシアのイルクーツク（シベリア）、イギリスのロンドンなど海外で外交交渉の実務を担当してきた。

外交官としてのアメリカでの勤務は、秦郁彦編『日本近現代人物履歴事典　第２版』（東京大学出版会、二〇一三年）によれば、三回だ。

一回目が昭和五年四月、サンフランシスコ総領事として、昭和九年三月までの約四年間。

二回目が昭和十一年十二月、ニューヨーク総領事として、実際は昭和十二年四月に着任し、十五年十月に帰国しているので、三年半の勤務だった。

三回目が昭和十六年二月、特命全権公使としてワシントンに派遣され、日米交渉に当たった。十六年八月から十月までは一時帰国をしているが、日米開戦後の昭和十七年八月に交換船で帰国した。約一年半の在米勤務であった。

『米国共産党調書』が作成されたのは、若杉が外交官として二度目のアメリカ勤務をしたニューヨーク総領事時代のことだ。総領事に着任する前、コミンテルンと中国共産党の活動拠点である上海とハルビン、シベリアなどで対外折衝にあたり、文字通り、国際共産主義運動と戦う最前線にいたわけだ。

その豊富な経験があってこそ、あれほど視野の広い、しかも的確な『米国共産党調書』の作成も可能になったと思われる。

## 桜（日本精神）と錨（海外発展）

若杉要という外交官の存在を知ったのは、戦前のアメリカでの反日宣伝について調べている時のことだ。アジア歴史資料センターの公式サイトで、若杉総領事による優れた分析を見つけ、「ソ連・コミンテルンの対米工作についてこれほど的確な分析をしている外交官が日本にも存在したのか」と深く感銘を覚え、以後、いくつかの原稿や本などで言及してきた。

その一つ、拙著『アメリカ側から見た東京裁判史観の虚妄』（祥伝社新書、二〇一六年）を読んだとして、二〇一九年秋、若杉真暉氏から連絡をいただいた。

熊本在住の真暉氏は、若杉要の遠縁にあたる。たまたま上京される機会があり、都内のホテルでお会いした。真暉氏は開口一番、「実は親族の中で要氏の評判はあまり芳しいものではありませんでした。日米交渉をまとめるのを失敗した外交官だったと言われてきましたので」という。それだけに拙著を読み、若杉要の業績を知って驚いたという。

実はこのとき、『米国共産党調書』に関する本書を準備していたので、真暉氏にこうお願いした。

「あれほどの業績を残しながら、若杉要についての伝記も本もありません。国会図書館で徹底して調べましたが、いくつかの講演筆録や新聞記事があるぐらいです。次の新刊で若杉要総領事のことについて触れようと思っているので、何かご存じでしたらご教示願えませんか」

すると数日経って、真暉氏から封書が届いた。

そこには外務書記生として中国の長春分館に勤務していた時代に撮った若杉要の写真（本書七十六ページ掲載）とともに、若杉要が通った熊本市立商業高校の記録、つまり『熊商七十年史』（熊本県立商業高等学校、一九六六年）のコピーなどが同封されていた。

この『熊商七十年史』は、「卒業生小伝」として多くの卒業生の活躍を紹介しているが、若杉要はそのトップに次のように記されている。

《外交官　若杉　要（七回卒）

明治十六年七月九日熊本市寺原町一一一に生れた。明治三十六年熊商卒、その頃の熊商には英国流のハイカラな商業教育が導入されて、卒業前には上海、南京方面への修学旅行もやって居り、英会話や中国語会話のために、いつでも外人教師の二、三人をおいている学校であったので、桜（日本精神）と錨（海外発展）の校章が象徴するように卒業生は海外雄飛の気が満ち溢れていた。

よって若杉は、当時中国の上海に近衛篤麿《あつまろ》が日中親善のために創立した東亜同文書院商務科に入学を希望し、中国四億の大衆相手の貿易商を夢見た。この学校は各府県ごとに、一、三名推薦の学生を入学させるという仕組みで各府県の給費生として外国留学できるというので志望者多く、仲々の難関で、全国から優秀な人材が集まった。

若杉は明治三十九年六月、同院三期生として卒業した。極東の島国日本が大国ロシアを破ったというので、わが国民は戦勝に酔い、国威は天を衝く勢いであった。英語に抜群の彼は、外交官になって世界を舞台に日本の国力を伸ばしたいと、外務省書記生に合格、ハルビン、奉天総領事館と転じ、仕事振りの熱誠堅実を見込まれ、明治四二年アメリカ西海岸ポートランド領事館に抜擢された。昼間は書記生として働きながら、外交官として大成するため、夜間、オレゴン州立大学にて法律、政治、経済、外交について学び、明治四五年に卒業した。

大正元年九月ニューヨーク総領事館に転勤職務の余暇、なほもニューヨーク大学政経科に学び大正三年卒業した。この頃ワシントン大使館には、のちの外相松岡洋右《ようすけ》が二等書記官として活躍して居り、若杉書記生をよく指導し引き立ててくれた。

ついで英仏にも永らく在勤し、外務省でも、有数の中国及びアメリカ通として知られた。第二次近衛内閣の日米交渉では、駐米公使として太平洋戦争防止のため、元外相、海軍大将野村吉三郎大使及び日米外交特使来栖《くるす》三郎氏を補佐して全力を尽したが、その苦労も空しくハワイ真珠湾の悲劇、日米開戦に泣いたのである》

明治の日本にあって、若くして独立国家日本を担うのは自分だという自覚と海外雄飛の志を持って中国に留学し、外交官への道を進んだのが、若き日の若杉であったわけだ。

## 対外インテリジェンス機関の再建は若杉総領事の再評価から

残念ながら日本の官僚の世界は戦前も戦後も、出身大学と入省年次がその後の出世を大きく左右する。

特に外務省にあっては、東京帝大から外交官へと進み、かつ外交官一族（姻戚も含む）であることがエリート・コースとなる。外交官の一族でもなく、商業高校卒で書記生というノンキャリアから始めた若杉が出世できるはずもなかった。

だが、そうした不遇にふてくされることもなく、海外で難しい外交交渉に当たりながら、その一方で内務省やアメリカのＦＢＩなどとも連携しながら、中国、アメリカ、そして国際共産主義についての調査と分析に傾注していた若杉は、日米和平交渉という難局にあたってようやく檜舞台に登場することができた。

インテリジェンスの世界では、学歴や肩書より、実績と能力、そして人格が重視される。少なくとも当時の外務省幹部には、インテリジェンスを活用する見識があったわけだ。

日本外務省が昭和十六年二月、若杉を野村大使の補佐役としてアメリカに送り込んだことは、「吉報」として歓迎された。当時の雰囲気を、伊佐秀雄氏がその著『人物記』（文祥社、一九四二年）においてこう書き記している。

《近衛公がルーズヴェルト大統領にメッセージを送つた事が伝へられただけで、日米国交調整問題がどうなつてゐるか今は窺知《きち》することさへ出来ないが、野村大使の女房役として若杉公使着米したとの報道は日米交渉の絶望でないことを語つてゐると見ていいであらう。

野村が大使に選ばれた最大の原因がアメリカに多くの友人を持つてゐるといふことにあつたが、その意味からいへば若杉が野村の女房役として渡米したのは充分な理由がある。何故ならば彼は郷里熊本の商業高校、上海の東亜同文書院を卒業して外務書記生となるや間もなくアメリカへ派遣され、オレゴン、ニューヨーク両大学に学んだ上、その後領事としてロスアンゼルスに総領事としてサンフランシスコとニューヨークに在勤し松岡人事で帰朝を命ぜられるまでの長い外交官生活における大部分の年月をアメリカで送り外務省でも極めて少数のアメリカ通の一人だからだ。

外務書記生から叩き上げたその経歴から見ても彼が如何に苦労人であるかが解るが、彼の苦労は今まで殆んど報いられなかつた。田中内閣時代の東方会議や今次の支那事変勃発に際して縦横に活躍したのだが、多くは縁の下の力持ちになるやうな役廻りばかりで、外交官らしい華々しい舞台には立たなかつた。

今度も主役ではなく日米交渉が成功した場合の功績は彼よりも野村大使のものになるわけだがそれでも今度彼の立つてゐるのは檜舞台であり、たとへ主役ではなくても彼の演技には国民の眼が一斉に注がれてゐる。

この晴れの舞台に立つて彼がどんな演技を示すかは外交官として彼の試金石となるものだが、それよりも日本の、否東亜の運命に関するのだ。彼の多幸を祈る次第である》

この一文を書いた伊佐秀雄氏は「憲政の神様」と呼ばれた尾崎行雄衆議院議員の秘書を務め、その後、評論家として活躍した人物だ。

ご存じのようにその後の日米交渉は失敗に終わり、日米戦争が始まる。拙著『日本は誰と戦ったのか』（ワニブックス）でも詳述したが、この日米交渉が失敗に終わるよう、当時、ソ連のスターリンや中国の蔣介石が総力を挙げてルーズヴェルト政権に働きかけを行っており、若杉らの奮闘は実らなかった。

こうした経緯もあってのことだろう。戦後、若杉要と報告書『米国共産党調書』の存在はあたかも存在していなかったかのように無視されてきた。

日本の内務省と外務省が国際共産主義運動に対して詳細な報告書をいくつも作成していたことは、ごく一部の研究者の間で知られているに過ぎない。そもそも大半の国際政治や近現代史の専門家たちは、戦前の国際共産主義運動とインテリジェンスについてタブー視して、言及することを避けてきた。

かくして「戦前の日本のインテリジェンスはダメだった」とか、「日本人にインテリジェンス活動は不向きだ」といった誤解がまかり通るようになってしまった。

だが、そろそろ過去から逃げ回るのをやめようではないか。

我々は過去と向き合う「勇気」を持つべきなのだ。

国際共産主義の脅威から日本を守るべく、戦前の外務省と内務省が多くの調査報告書を作成してきたことを正面から受け止め、しっかりと研究すべきなのだ。そのためにもまずは、若杉要と『米国共産党調書』への再評価から始めたいものだ（若杉要の出身地・熊本の民間団体「肥後の偉人顕彰会」は、二〇二〇年の『日本外務省はソ連の対米工作を知っていた』の発刊を受けて若杉要の研究と顕彰を始めている）。

## いかにインテリジェンス機関を使いこなすのか

ただし、再評価は、戦前の日本のインテリジェンス活動すべてを全面的に肯定することではない。

拙著『コミンテルンの謀略と日本の敗戦』（ＰＨＰ新書）でも指摘したが、戦前の内務省や司法省、そして陸軍憲兵隊による「共産主義者」取締りには多くの問題があった。

マルクス主義の書籍を持っていたり、政府の政策を批判したりしただけで共産主義者やスパイ扱いをしたこともあった。取り調べ調書の中には、取り締まる側が一方的に書いたものも見受けられ、内務省や司法省の文書だからと言って全面的に信用するというわけにはいかない。

こうした戦前の行き過ぎに対する反省から戦後、日本政府はスパイ取締りには一貫して及び腰で、インテリジェンスも危険視されてきた。

だが、スパイ取締りと人権尊重の両立というのは、どこの国にとっても「難問」なのだ。

米国のＦＢＩなどを見ればわかるが、スパイ取締りにはどうしても行き過ぎがつきまとう。テロなどの破壊工作から国民の生命と財産を守るためには、緊急避難的措置が必要とされることがあるからだ。

また、本書でも指摘したが、第一次世界大戦後の米国で「赤の恐怖」が起こったように、不景気などで社会が不安定になると、外国に対する過剰な恐怖心から極端な排外主義が沸き起こり、世論と政治家が暴走することもある。

ソ連とその衛星国のように、インテリジェンス機関が共産党や軍による人権弾圧の道具となったケースもある（その犠牲は、自由主義国とは比較にならないほど酷い）。

しかし、それほど危険な側面があるにもかかわらず、敵国のスパイやテロから国民の生命と財産を守るためには、インテリジェンス機関が必要なのだ。

よってどこの国でも、インテリジェンス機関を持っているが、同時にスパイ取締りは、裁判、つまり公判に耐えることができるしっかりとした証拠に基づかなければならないようにしている。公権力の行使と民間人の言動を同列に論じるべきではないが、日本のインターネットの世界では、大した証拠もないままに「誰々はどこどこのスパイだ」みたいな書き込みが溢れているが、そうした安易な決めつけは慎むべきなのだ。

このようにインテリジェンス機関は軍隊と同じく、その扱いを間違えれば、人権侵害を引き起こし、国を誤らせることになりかねない。だからこそインテリジェンス機関に対する民主的統制、運用についてはどこの国でも細心の注意を払っている。スパイ防止法を作り、インテリジェンス機関を作れば、それで問題が解決するわけではないのだ。重要なのは、その運用であり、インテリジェンス機関を正しく使いこなす見識をもった政治指導者の存在なのだ。

このような複雑な課題を理解するためにも、インテリジェンスに関する歴史を深く学ぶことが重要であり、「インテリジェンス・ヒストリー」が必要とされる所以だ。本書がその契機となれば幸いである。

**令和五年（二〇二三年）四月吉日**

評論家・情報史学研究家　**江崎道朗**

## ◉主な参考文献

### 【日本政府関係文書】

●外務省亜米利加局第一課『米国共産党調書』一九四一年、JACAR（アジア歴史資料センター）Ref.B10070014000、米一_25（外務省外交史料館）

●内務省警保局『外事警察報第一号』一九二一年、JACAR:A04010400200、平9警察00001100（国立公文書館）

●「亜米利加共産党の七年間」、『同第五十一号』一九二六年、JACAR:A04010402000、平9警察00010100（国立公文書館）

●『同第九十四号』一九三〇年、JACAR:A04010403400、平9警察00017100（国立公文書館）

●『同第百十三号』一九三一年、JACAR:A04010404000、平9警察00020100（国立公文書館）

●『同第百十五号』一九三二年、JACAR:A04010404200、平9警察00021100（国立公文書館）

●『同第百十七号』一九三二年、JACAR:A04010404200、平9警察00021100（国立公文書館）

●内務省警保局『外事警察資料第五輯　米国に於ける共産主義運動』一九三六年、JACAR:A04010441200、平9警察00527100（国立公文書館）

●内務省警保局『最近に於ける共産主義運動概況』一九三六年、JACAR:A04010499800、平9警察00621100（国立公文書館）

●『外事警察概況　第二巻』（復刻版）、龍渓書房、一九八〇年
●外務省亜米利加局第一課『米国ニ於ケル共産主義運動／米一調書第三輯（昭和十二年）』一九三六年、JACAR:B10070010400、米一_6（外務省外交史料館）
●内務省警保局『コミンテルンの我国に対する策動状況（其の一）』一九三七年、JACAR:A04010500800、平9警察00626100（国立公文書館）
●内務省警保局『支那事変に対するコミンテルンの策動』一九三七年、JACAR:A04010503400、平9警察00639100（国立公文書館）
●外務次官堀内謙介『「米国に於ける共産主義運動」送付の件』一九三七年、JACAR:C01007098600、陸軍省-大日記乙輯-s13-7-40（防衛省防衛研究所）
●外務省『支那事変関係一件／輿論並新聞論調／支那側宣伝関係第一巻』、JACAR:B02030591100、A-1-1-0-30_2_4_001（外務省外交史料館）
●外務省『支那事変関係一件第三十一巻』、JACAR:B02030573500、A-1-1-0-30_031（外務省外交史料館）

**【その他単行本、雑誌など】**

●江崎道朗著『日本は誰と戦ったのか――コミンテルンの秘密工作を追及するアメリカ』ワニブックス、二〇一九年
●江崎道朗編訳『米国共産党調書　外務省アメリカ局第一課作成』育鵬社、二〇二一年

●北村滋著「外事警察史素描」（『講座　警察法　第三巻』立花書房、二〇一四年所収）
●小谷賢著『日本軍のインテリジェンス』講談社選書メチエ、二〇〇七年
●中西輝政著『情報亡国の危機』東洋経済新報社、二〇一〇年
●加藤哲郎著『ゾルゲ事件』平凡社、二〇一四年
●Hamilton Fish, *Tragic Deception: FDR and America's Involvement in World War II*, Devin-Adair Pub, 1984（邦訳版・岡崎久彦監訳『日米・開戦の悲劇――誰が第二次大戦を招いたのか』ＰＨＰ研究所、一九八五年）
●ハーヴェイ・クレア、Ｆ・Ｉ・フイルソフ、ジョン・アール・ヘインズ著、渡辺雅男、岡本和彦訳『アメリカ共産党とコミンテルン――地下活動の記録』五月書房、二〇〇〇年
●ティム・ワイナー著、山田侑平訳『ＦＢＩ秘録 上 その誕生から今日まで』文藝春秋、二〇一四年
●クリストファー・アンドルー他著『ＫＧＢの内幕・上』文藝春秋、一九九三年
●日本平和委員会編『平和運動20年資料集』大月書店、一九六九年
●中野利子著『外交官Ｅ・Ｈ・ノーマン』新潮文庫、二〇〇一年
●米国下院非米活動委員会編、時局問題調査会訳『共産主義について知つておかねばならぬ６００事項』立花書房、一九五一年
●黒川修司著『赤狩り時代の米国大学』中公新書、一九九四年
●外務省外交史料館、日本外交史辞典編纂委員会編『新版　日本外交史辞典』山川出版社、一九九二年

●秦郁彦編『日本近現代人物履歴事典　第2版』東京大学出版会、二〇一三年
●『熊商七十年史』熊本県立商業高等学校、一九六六年
●伊佐秀雄著『人物記』文祥社、一九四二年